Quiet Time으로의 초대
-경건의 시간을 위한 지침서-

진 플레밍

네비게이토 출판사
TO KNOW CHRIST AND TO MAKE HIM KNOWN

네비게이토 선교회는
국제적이며 복음적인 기독교 기관이다.
예수 그리스도께서는 자기를 따르는 자들에게
"너희는 가서 모든 족속으로 제자를 삼으라"
(마태복음 28:19)는 지상사명을 주셨다.
네비게이토 선교회는 세계 모든 국가에서
예수 그리스도의 일꾼들을 배가시켜
이 지상사명을 성취하는 일을 돕는 것을
근본 목표로 하고 있다.

네비게이토 출판사는
네비게이토 선교회의 문서 선교를 담당하고 있다.
본 출판사에서는 그리스도인의 영적 성장을 돕는
서적과 자료들을 출판하여,
그리스도인의 삶의 기초가 견고한
헌신된 제자로 성장하고,
나아가 성숙한 인격과 지도력을 갖춘
일꾼이 되도록 돕고 있다.

FEEDING YOUR SOUL

A Quiet Time Handbook

JEAN FLEMING

Translated by permission
Title originally published in English as
FEEDING YOUR SOUL
by NavPress, a ministry of The Navigators.
ⓒ 1999 by Jean Fleming
Korean Copyright ⓒ 2002
by Korea NavPress

차 례

저자 소개 / 7
머리말 - 독자들에게 / 9
1 하나님과의 교제 / 17
2 경건의 시간의 기본 요소 / 39
3 경건의 시간의 유익 / 59
4 시간 확보 / 83
5 장애물 극복 / 103
6 기록 / 131
7 영적으로 메마를 때 / 153
8 장시간 동안의 특별한 교제 / 181
9 일생에 걸친 경건의 시간 / 203
부록 / 221

저자 소개

진 플레밍은 세계 각처에서 말씀을 전하고 있으며, 여러 책을 저술하기도 했습니다. 그는 남편인 로저 플레밍과 더불어 네비게이토 간사로서 주님을 섬기고 있습니다.

머리말 - 독자들에게

장교인 톰의 영적 삶은 맥이 빠져 있었습니다. 여러 성경공부를 인도하는 위치에 있으면서도, 그 자신의 영적 삶은 활력이 다 사라지고 하나님을 제대로 경험하지 못하고 있었습니다. 이로 인한 고민을 나의 남편 로저에게 털어놓자, 남편은 어떤 도움을 주면 좋을지 몰라 먼저 그의 상태를 알아보았습니다. 가장 먼저 알아본 영역은 그가 하나님과 교제를 잘 나누고 있는가 하는 것이었습니다. 톰은 시간을 내어 정기적으로 하나님과 단둘이 교제하는 습관을 갖고 있지 않았습니다. 이를 알고, 남편은 톰을 도와 삶의 변화에 이르는 영적 여행을 시작하게 했습니다. 몇 가지 실제적인 조언을 받고 나서, 톰은 아침에 일찍 일어나 하나님과 만나 교제하기 시작했습니다. 하나님과 교제를 갖기 시작하자, 이내 그의 동료들은 어떻게 해서 그렇게 삶이 변했는지 물어 오기 시작했고, 그의 아내는 주님께 더 깊이 헌신하게 되었으며, 다른 가족들도 그리스도께 돌아오기 시작했습니다. 맥 빠진 삶이 활기찬 삶으로 바뀌었습니다. 그는 하나님과 더불어 경건의 시간을 가진 것이 그런 변화를 가져왔다고 고백했습니다.

당신은 이전의 톰처럼 영적으로 맥 빠진 삶을 살고 있을지 모르겠습니다. 아니면 새 신자여서, 하나님을 알아 가고 하나님을 위해 살고자 하는 열망은 있으나, 경건의 시간(Quiet Time)에 대해서는 한 번도 못 들었을 수도 있습니다. 아니면, 경건의 시간을 가지려고 해봤다가 실망을 했거나, 심한 경우 좌절감까지 느꼈을지도 모릅니다. 또는 오랫동안 규칙적으로 하나님을 만나는 시간을 가져 왔지만, 신선함은 사라지고 틀에 박힌 듯하여, 그런 상태에서 벗어나기 위해 자극이 필요할지도 모릅니다. 아니면 경건의 시간이 너무나 중요하다는 생각이 들어, 다른 사람들도 갖도록 도와주고 싶어할 수도 있습니다.

당신이 어떤 경우에 속하든, 이 책은 도움이 될 것입니다. 이 책은 당신이 하나님과 보다 질적인 만남을 갖는 데 도움이 되도록 엮어졌습니다. 이 책은 경건의 시간에 대해 순차적으로 설명해 나갑니다. 먼저 매일 하나님과 만나는 시간을 갖기 시작하도록 도와줍니다. 그 다음에는 여러 가지 지침을 주는데, 이는 하나님과 만나는 시간을 일생 동안 잘 갖도록 돕기 위한 것입니다.

각 장의 끝에는 간단한 요약과 더불어, 배운 내용을 삶에서 적용하도록 도와주는 개인 적용을 위한 도움말, 그리고 개인적인 묵상이나 그룹 토의에 사용할 수 있는 묵상과 토의를 위한 질문이 나와 있습니다. 경건의 시간이란 개인적인 것이며, 한 개인이 하나님과 단둘이 만나는 시간입니다. 하지만 그 시간을 꾸준히 가지려면 다른 그리스도인들로부터 도움과 자극을 받는 것이 매우 도움이 됩니다. 그러므로 소그룹을 하나 만드는 것을 고려해 보십시오. 이 책을 경건의 시간에 개인적으로 사용하고 난 후에 함께 토의도 하고, 경건의 시간을 잘 갖게 서로 격려도 주고받기 위함입니다.

당신은 처음으로 경건의 시간을 갖기 시작했습니까? 이제 굉장히 놀라운 일들이 당신을 기다리고 있습니다. 당신은 자꾸만 실패를 해왔습니까? 이제 희망을 가져도 됩니다. 당신은 장애물을 극복하는 데 도움이 좀 필요합니까? 이 책이 그 도움을 주었으면 합니다.

당신이 주님과 더욱 풍성한 교제를 가질 수 있기를 기도합니다.

"내가 너와 만나리라"

출애굽기를 보면, 여러 차례에 걸쳐 하나님께서는 "내가 너와 만나리라"고 하십니다. 세 어절로 된 짧은 말입니다. 짧다 보니 그 말이 지니고 있는 엄청난 의미를 모르고 지나칠 수 있습니다. 만유를 지으신 창조주 하나님께서 당신을 만나십니다. 우주를 다스리시는 하나님께서 당신을 만나십니다. 육신이 되신 말씀께서 당신을 만나십니다. 당신 대신 죽었다가 다시 사신 성자 하나님께서 당신을 만나십니다. 하늘나라에서 통치하고 계신 하나님, 다시 오실 만유의 주님께서 당신을 만나십니다.

이것은 상상도 할 수 없는 일입니다. 쇼크를 받을 만한 일입니다. 깜짝 놀라 정신이 멍해집니다. 두렵기도 합니다. 짜릿한 감동으로 다가오기도 합니다. 놀라운 일입니다! 하나님께서 당신과 만나신다고요? 어느 누가 감히 그런 것을 생각이나 할 수 있겠습니까? 당신을 만나겠다는 말씀이 한층 더 가슴 설레는 이유는 하나님께서 친히 그 말씀을 하셨기 때문입니다. 당신과 교제를 갖고 싶어하시는 하나님의 열망이 세 어절로 된 이 짧은 말에 잘 나타나 있습니다.

만약 하나님의 초청을 받아들이려면 마땅히 하나님께서 보여 주신 방식을 따라 하나님께 나아가야 합니다. 하나님의 초청은 너무나도 은혜롭지만, 누가 하나님께 나아갈 수 있는지에 대해서는 조건이 붙어 있습니다.

하나님께서는 지성소라고 불리는 특별한 장소에서 모세와 만나셨으나(출애굽기 25:22 참조), 모세가 죽은 후에는 대제사장으로 임명된 사람만 이 거룩한 장소에 그것도 매년 한 차례씩만 희생 제물의 피를 가지고 들어갈 수 있었습니다. 그 밖의 이스라엘 사람들은 아무도 그러한 영예를 누리지 못했습니다.

그러나 지금은 예수 그리스도께서 누구나 하나님의 존전에 들어갈 수 있도록 길을 터놓으셨습니다. 십자가 위에서 죽으실 때 예수님께서는 우리의 영원한 대제사장이 되셨으며, 하늘에 있는 참된 지성소에 자신의 피를 가지고 들어가셨습니다. 구약에서 예표로 보여 주신 것이 이제 우리 주 예수 그리스도 안에서 성취되었습니다. 예수님께서 십자가 위에서 우리 위해 드린 피 제사를 믿음으로써 나아가는 것이 하나님께서 제시하신 방법입니다. 믿는 사람은 누구나 하나님께 나아갈 수 있습니다. 성경은 우리가 언제라도 담대히 나아가 만왕의 왕이시요 만주의 주이신 분을 알현할 수 있다고 말합니다.

하나님과 나누는 친교는 매우 개인적이며, 사람들마다 나름대로의 방법을 사용하여 하나님을 만납니다. 이 책은 여러 사람들이 사용한 다양한 방법과 그들의 경험을 소개하고 있습니다.

우리 하나님께서는 누구든 자신을 만나러 오라고 초청하셨습니다. 우리 하나님께서 우리 같은 사람들을 존전에 나아올 수 있게 하셨다는 것은 놀랍기 짝이 없는 일입니다.

하나님께 나아가 교제할 때 기억해야 할 사실이 있습니다. 주 예수님께서 우리가 하나님을 만날 수 있게 하시려고 엄청난 대가를 치르셨다는 사실입니다.

당신과 나와 같이 하찮은 존재가 우리와 만나자는 하나님의 제안에 어떤 반응을 보여야 할까요?

하나님의 초대에 어떻게 응답하겠습니까? 이 자비로운 초대를 받아들여, "주님, 주님과 만나도록 하겠습니다"라고 말씀드리겠습니까?

1834년 2월 23일
주일이다. 하나님을 만나기 위해 일찍 일어나, 내 영혼이 사랑하는 하나님을 만났다. 그 같은 친구를 만나기 위해서라면 일찍 일어나지 않을 사람이 누구인가?
― R. M. 맥체인의 일기에서

주님을 만나는 날, 나는 주님을 반갑게 맞이하고, 깨달음을 주실 때 감사를 드린다. 나는 죄 의식에서 벗어나고, 내 마음은 활력을 되찾고, 뜨거워진다.
― G. M. 맨리 홉킨스

제 1 장
하나님과의 교제

고등학교 3학년 시절도 끝나 갈 무렵이었습니다. 뉴저지 주 오션시티에 있는 플란더즈 호텔의 무도장 바닥에 500명가량의 학생들이 촘촘히 앉아 있었는데 나도 그 자리에 있었습니다. 그때 나는 새로운 사실을 깨닫게 되었는데, 전에는 생각도 해본 적이 없는 것이었습니다. 그것은 바로 하나님께서 나와 교제하기 원하신다는 사실이었습니다. 말씀을 전하는 분은 주의 깊게 몇 가지 사실을 설명해 주었는데, 내게는 새롭게 와 닿았습니다. 그것은, 하나님께서 나를 사랑하신다는 것, 나와 친구가 되고 싶어하신다는 것, 그리고 이를 위해 그리스도께서 내 대신 십자가에서 죽으셨다는 것이었습니다.

나는 대서양 바닷가에서 열리는 이 청소년 집회에 참석하면서, '시원한 바닷바람이라도 쐬면 내 마음이 좀 새로워지지 않을까?' 하고 생각을 했습니다. 내 나이 열일곱이었고,

이미 자신에 관한 그릇된 환상에서 깨어났습니다. 죄는 내 속을 조금씩 갉아먹어 가 꽤 큼직한 구멍을 내었고, 마음속의 고통을 느꼈습니다. 나는 영적으로 무지했고, 말씀을 전하는 분이 설명한 것말고는 별로 아는 게 없었지만, 내가 죄로부터 정결함을 받고 하나님과 친교를 나눌 수 있다는 사실이 마음에 크게 와 닿았습니다. 모임이 끝나기가 무섭게 나는 혼자만의 시간을 갖기 위해 사람들을 헤치고 4층의 내 방으로 갔습니다. 그리고 이렇게 기도했습니다. "예수님, 저를 위해 십자가에서 죽으신 것을 믿습니다. 예수님을 저의 주님으로 모셔 들입니다."

그 간단한 기도가 하나님과의 교제로 들어가는 문을 열었습니다. 모든 관계는 첫 만남과 더불어 시작됩니다. 그러나 뭔가가 더 있지 않으면, 단지 한 번 만난 것뿐이요, 결코 관계로 발전하지는 않습니다. 관계는 계발됩니다. 친구 관계를 발전시키려면 시간을 들이고 의사소통을 해야 합니다. 모든 친구 관계는 모름지기 노력이 따라야 합니다.

성경이 말하고 있는 바는, 우리의 최고의 부르심이자 삶에서 가장 큰 기쁨을 주는 것은 하나님과의 친구 관계라는 것입니다. 소요리 문답에서는 인간의 제일가는 목적이 '하나님을 영화롭게 하며, 영원토록 그를 즐거워하는 것'이라고 했습니다. 전 시대에 걸쳐, 수많은 사람들이 하나님과의 의미 깊은 친구 관계는 저절로 이루어지는 것이 아님을 알고 하나님께 관심을 집중하는 시간을 갖기 위해 하루의 일부를 떼어 두었습니다. 이 시간은 여러 가지 이름으로 불리는데, 그중 하나가 경건의 시간입니다.

하나님과의 관계를 계발함

1950년대에 있었던 일입니다. 한 무리의 성숙한 그리스도인들이 모여서 다음과 같은 주제에 대해 토의했습니다. "새 신자가 하나님과 친밀한 관계를 계발하도록 도우려면 어떻게 해야 하는가? 그리스도와 함께하는 새로운 삶에서 성장하도록 도우려면, 가장 중요하고 기본이 되는 것은 무엇인가?" 그들의 결론은, 그리스도인들을 믿음 안에 세워 주고 계속 성장하도록 하기 위해 도와주어야 할 가장 중요한 두 가지는 '경건의 시간'과 '성경 암송'이라는 것이었습니다.

그 자리에 있었던 사람들 중 한 사람에게 최근에 다음과 같이 물어 보았습니다. "그때로부터 오랜 세월이 지났는데, 지금도 여전히 경건의 시간과 성경 암송이 사람들을 믿음 안에서 세워 주는 데 가장 기본이 된다고 생각하십니까?"

그의 대답은요? 그는 "그 점에 대해서는 과거 어느 때보다 지금 더 큰 확신을 가지고 있습니다"라고 했습니다.

나 또한 같은 확신을 가지고 있습니다. 내가 믿기로 경건의 시간은 당신의 영혼을 먹이기 위해 할 수 있는 가장 중요한 것입니다.

당신은 "경건의 시간이 대체 뭐예요?" 혹은 "그게 왜 그리 중요해요?"라고 물을지도 모르겠습니다. 이 책을 쓴 목적은 그 질문들에 답하고 경건의 시간을 통해 당신과 하나님의 관계를 발전시키도록 돕기 위한 것입니다.

하나님과의 관계와 매일의 삶

예수님을 구세주와 주님으로 받아들임으로써 당신은 문자 그대로 하나님과 부자관계를 맺게 되었습니다(로마서 8:15-16 참조). 성경에 보면, 하나님께서는 당신의 아버지시요, 예수님께서는 당신의 형제입니다. 그 관계는 피로 말미암아 맺어진 것입니다. 혈족의 관계입니다. 그러나 하나님께서 뜻하신 바는, 당신이 출생으로 끝나는 것이 아니라 날마다 하나님을 매우 개인적으로 경험하는 삶을 사는 것입니다. 하나님께서는 당신이 하루 종일 자신과 연결된 삶을 살기 원하십니다. 그리고 당신의 매일의 환경을 자신과의 친밀한 관계 발전을 위한 도구로 사용하고 싶어하십니다.

예를 들면, 당신이 경제적 어려움을 겪고 있다고 합시다. 이 상황이 하나님을 바라보게 만듭니다. 재정적인 압박이 하나님께로 나아가게 하는 것입니다. 당신은 하나님의 도우심을 구합니다. 열린 마음과 기대하는 마음으로 하나님께 나아갑니다. 하나님의 말씀을 읽으며, 그 말씀이 당신을 향한 하나님의 개인적인 의사 전달이라고 여깁니다. 당신은 하나님께로부터 격려를 받기도 하고, 지혜를 얻기도 하고, 어려움을 견딜 수 있는 힘을 얻기도 하고, 앞으로 어떻게 해야 할지에 대해 인도를 받기도 합니다. 이처럼 환경은 당신에게 도움을 주어 당신이 더 깊이 하나님을 경험하게 해줍니다. 경건의 시간은 당신이 이런 식으로 하나님과 점점 더 깊어지는 관계를 형성하는 데 도움을 줍니다.

경건의 시간이란 무엇인가

몇 년 전 대화 중에 경건의 시간에 대해 언급하자, 매우 활달한 한 여성은 자기가 그 시간을 무척 즐기고 있다고 했습니다. 자기는 거의 매일 아침 그 시간을 가지고 있는데, 진작 그런 습관을 들였더라면 얼마나 좋았을까 하는 생각이 든다고 했습니다. 계속 이야기를 나누면서, 그 시간을 어떻게 보내고 있는지 물어 보았습니다. 자기는 아침에 일찍 일어나 그 조용한 시간에 커피를 마시며 사람들에게 편지를 쓴다고 했습니다. 맞는 말이었습니다. 그 시간은 조용했고, 그리고 뭔가를 하는 시간이었습니다. (역자 주: 경건의 시간은 영어로 'quiet time'이라고 부르며, 조용한 시간이라는 의미를 가짐.) 하지만 그는 대화를 나누다 어느 순간에 내 말을 잘못 알아들었던 모양이었습니다.

내가 경건의 시간이라고 말할 때는 하나님과 교제하는 시간, 하루 중 하나님을 위해 떼어놓은 시간, 개인적인 예배 시간을 말합니다. 그것을 하나님과 데이트하는 시간으로 생각하십시오. 그 시간은 당신과 하나님만을 위한 시간입니다. '경건의 시간'이라는 말이 성경에 나오지는 않으며, 오랜 세월 동안 여러 가지로 불리어졌습니다. 각 명칭은 그 시간을 이해하는 데 도움이 됩니다.

하나님께서는 경건의 시간에 대해 어떻게 말씀하시는가

하나님께서는 경건의 시간을 갖도록 명하지는 않으셨으나, 전심으로 하나님 자신을 사랑하도록 명하셨습니다. 사실,

예수님께서는 하나님을 사랑하는 것이 가장 큰 계명이라고 하셨습니다. "네 마음을 다하고 목숨을 다하고 뜻을 다하여 주 너의 하나님을 사랑하라"(마태복음 22:37, 신명기 6:5 참조). 경건의 시간은 하나님과 사랑을 나누는 시간입니다.

성경에 보면, "경건의 시간," "하나님과의 교제 시간" 등과 같은 말이 나오지는 않지만, 하나님과 더불어 시간을 갖기 위해 정기적으로 시간을 떼어 두는 것에 대해서는 많이 나옵니다. 성경은 하나님의 아들 예수님께서 아버지와 단둘이 시간을 보내기 위해 한적한 곳으로 가신 것을 자주 언급하고 있습니다(마가복음 1:35, 누가복음 5:16 참조). 다니엘은 매일 기도하기 위해 시간을 따로 떼어 두었습니다(다니엘 6:10-11,13 참조). 다윗도, 하나님을 만나기 위해 떼어 둔 시간에 대해 자주 언급합니다. 이러한 영적 거인들은 하나님과 만나 시간을 보내는 것을 삶의 핵심 요소로 삼았습니다. 그래서 그 관행을 좀더 자세히 살펴볼 필요가 있습니다.

하나님과 교제하기 위해 떼어 둔 시간

날마다 하나님과 교제하기 위해 떼어 둔 시간은 여러 이름으로 부를 수 있습니다. 각각은 그 시간이 갖는 여러 의미를 보여 줍니다.

경건의 시간(Quiet Time). 이 말은 그 시간이 문자 그대로 경건한 마음으로 주님과 교제하는 시간이요, 경건한 삶에 기초가 되는 시간임을 보여 줍니다. 이 시간은 또한 조용한 시간에 조용한 장소

> 에서 하나님과 교제하는 시간이기도 합니다. 환경이 언제나 조용할 수는 없겠지만, 중요한 것은 마음을 고요하게 하고 하나님의 존전에 나아가 조용히 하나님을 바라보는 것입니다.
>
> **하나님을 기다리는 시간.** 온 천지가 조용하기만 한 이른 새벽에 경계 근무를 서고 있는 사람을 생각해 보십시오. 그는 동이 트기만을 간절히 기다립니다. 이처럼 우리도 새벽에 조용한 장소에서 하나님을 만나기 위해 기다립니다. 시편 130:6 말씀처럼 말입니다. "파수꾼이 아침을 기다림보다 내 영혼이 주를 더 기다리나니, 참으로 파수꾼의 아침을 기다림보다 더하도다."
>
> **하나님과의 교제 시간.** 이 말은 계획을 짜서 특정한 시간과 장소에서 하나님을 만나는 것을 잘 나타냅니다. 그것은 하나님과 약속을 해서 만나 데이트를 하는 시간입니다.
>
> **새벽 제단.** 새벽에 하나님께 나아가 제단을 쌓는 것과 같은 시간임을 보여 줍니다. 하나님께 예배하고 그날 하루 동안 헌신된 삶을 살기 위해 자신을 산제사로 드리는 제단입니다. 우리는 하나님께 헌신하는 하루를 시작하기 위해, 헌신의 행위로서 하루의 첫 시간을 떼어 둡니다. 하나님을 만나기 위해서입니다.
>
> **개인 예배.** 공중이 함께 모여 드리는 예배가 있는가 하면, 혼자서 드리는 개인 예배도 있습니다. 우리는 개인적으로 하나님을 높이고 예배하는 시간으로서 경건의 시간을 갖습니다.

경건의 시간을 갖는다는 것은, 날마다 틈을 내어 예수 그리스도와의 친밀한 관계를 추구해 간다는 말이요, 삶에 생명력을 불어넣는 시간을 갖는다는 말입니다. 경건의 시간은 단지 혼자서 골똘히 생각에 빠지거나 무슨 수양을 하는 시간이 아닙니다. 그것은 교제하는 시간이요, 주고받는 시간이요, 친교와 우정을 나누는 시간이요, 하나님과 데이트하는 시간입니다.
　경건의 시간은 하나님과의 교제를 계발하는 것과 관련이 있습니다. 물론, 하나님과 교제를 나누고 있으면서도 하나님과 단둘이 교제하는 시간은 떼어 두지 않을 수도 있습니다. 또한 성경 읽고 기도하는 '종교적인 시간'을 떼어 두고 있지만 하나님과 교제는 이루어지지 않을 수도 있습니다.
　"나는 하루 종일 하나님과 교제를 나누고 있는데도 굳이 특별한 시간을 내어 하나님과 교제하는 것이 필요합니까?"라고 묻는 사람도 있습니다. 그래도 그 시간이 필요하다는 것이 나의 생각입니다. 얼굴과 얼굴을 대면하는 시간, 모든 관심을 상대방에게 쏟는 시간을 갖지 않으면 어떤 관계도 꽃피울 수 없습니다. 요즘같이 바쁜 시대를 사는 우리는 한꺼번에 여러 가지 일을 하는 것을 자랑스럽게 생각합니다. 우리는 전화 통화를 하면서 동시에 신문도 읽고, 그러면서 TV로 야구 경기까지 봅니다. 거기다 자녀들의 숙제를 도와주면서까지. 그렇게 하는 것이 필요한 것 같고, 장한 것 같기도 하지만, 우리의 가장 가까운 관계들은 집중적인 관심을 쏟지 않으면 시들어 버립니다.
　브라더 로렌스(1611-1691)는 수도원의 주방에서 일했는데, 날마다 하루 종일 하나님과 계속 친교를 나누었습니다. 그는 냄비를 닦으면서도 기도하고, 주방 청소를 하면서도 기도했습니다. 하지만 그런 브라더 로렌스조차도 기도하고 말씀을 읽기 위해 시간을 따로 떼어 두었으며, 이 시간에는 하나님께 모든 관심을 쏟았습니다.

경건의 시간은 영적 훈련이다

하나님을 위해 시간을 떼어 두려면 훈련이 필요합니다. 영적 훈련이란 관행이요, 습관이요, 행동 양식이요, 정해진 일과로서, 영적 목적으로 계발하는 것입니다. 우리 삶은 수많은 습관으로 이루어져 있는데, 습관이 된 것은 거의 자동적으로 이루어집니다. 날마다 출근을 하는 것이나 집을 나서기 전에 옷을 갈아입는 것은 습관이 되어 있는데, 그렇게 하는 데는 그만한 이유가 있습니다. 한 가지 목적으로(대인 관계를 위해!) 세수를 하고 이를 닦듯이, 영적인 목적을 위해 매일 하나님과의 시간을 떼어 둡니다. 사람들이 모이는 곳에 갈 때 으레 옷을 갈아입는 것을 '율법적'이라고 생각하는 사람은 없습니다. 그런 습관에 대해 의문을 품는 사람조차 없습니다. 하나님을 만나는 습관도 마찬가지입니다. 만약 중요성을 이해하기만 한다면 아무도 그 습관에 대해 의문을 품지 않을 것입니다.

당신의 전존재로 하나님을 사랑하려면 마음과 몸과 감정이 그 한 가지 목적을 향해야 합니다. 영적 훈련이란, 전존재로 하나님을 사랑하도록 도와주는 관행들입니다.

왜 경건의 시간을 갖는가

경건의 시간에 대해 여러 가지 질문을 던질 수 있겠지만, 가장 중요한 질문은 "왜 경건의 시간을 가져야 하는가?" 하는 것입니다. 경건의 시간이 왜 중요한지 이해하기만 하면, 그 습관을 들이는 것은 쉬워질 것입니다. 분명한 목적이 없는 습관은 곧 무의미한 형식으로 전락하고 맙니다. 어떤 훈련을 충분한 동기가 없이 오랫동안 해나간다는 것은 불가능하다고 해도 과언이 아닙니다. 경건의 시간을 갖는 데는 세 가지 기본적인 이유가 있습니다. 그 세 가지가 토대를 형성하며, 그 토대 위에서 일생 동안 하나님과 만나는 삶을 건축할 수 있습니다.

경건의 시간을 갖는 이유

- 하나님께서 당신을 만나기 원하신다.
- 당신에게 필요하다.
- 세상은 당신 안에 계신 그리스도를 보는 것이 꼭 필요하다.

하나님께서 당신을 만나기 원하신다

믿어지지 않을 정도로 놀라운 사실이지만, 성경 전체가 하나님께서 당신을 만나기 원하신다는 것을 보여 줍니다. 하나님께서는 모든 것을 창조하셨습니다. 하나님께서는 아무것도 부족한 것이 없습니다. 감정적 필요나 정서적 필요도 없습니다. 하나님께서는 그 자신만으로 완전하신 분입니다. 그러나 하나님께서는 사랑이십니다. 그래서 자신의 사랑을 받고 또 그 사랑에 응답하도록 하기 위해 사람들을 창조하셨습니다. 사랑이라는 것은 늘 표현을 원하고 응답을 원하는 법입니다.

우리는 하나님께서 크신 분임을 알고 있습니다. 하나님께서는 전지하시고, 전능하시며, 모든 것을 주관하시고, 완전하시고, 거룩하십니다. 하나님의 놀랄 만한 위엄을 생각하다 보면, 하나님께 우리와 같은 감정이 있다는 사실은 곧잘 잊어버립니다. 하나님께서는 사랑을 느끼십니다(요한복음 3:16 참조). 기뻐하기도 하십니다(스바냐 3:17 참조). 예수님께서는 비통해하고 민망히 여기기도 하시고(요한복음 11: 33 참조), 눈물을 흘리기도 하십니다(요한복음 11:35 참조). 몇 가지만 든 것입니다. 사람들은 하나님의 형상을 따라 지음받았기 때문에, 우리에게 어떤 감정이 있는지를 보면 하나님께 어떤 감정이 있을지 아는 데 도움이 됩니다.

십자가에 못박히시기 전에, 예수님께서는 자신의 사랑을 사람들이 거부하는 것에 대해 몹시 괴로워하셨습니다. "예루살렘아, 예루살렘아, 선지자들을 죽이고 네게 파송된 자들을 돌로 치는 자여, 암탉이 그 새끼를 날개 아래 모음같이 내가 네 자녀를 모으려 한 일이 몇 번이냐? 그러나 너희가 원치 아니하였도다"(마태복음 23:37).

경건의 시간에 임할 때 기억해야 할 것은, 하나님께서는 당신과 깊은 친구 관계를 원하신다는 사실입니다. "왜 경건의 시간을 갖습니까?"라는 물음에 대해 "하나님께서 나와 만나고 싶어하시니까"라고 대답하면, 중심이 이동합니다. 그 시간의 중심은 더 이상 당신이 아닙니다. 가장 중요한 이슈는 더 이상 "내가 그 시간을 통해 무엇을 얻는가?"가 아니며, "얼마나 나와 하나님의 관계가 풍성해지는가?"입니다. 당신이 이 데이트에 나오는 것은 전능하신 하나님께서 당신과 함께하는 즐거움을 원하시기 때문입니다. 당신이 경건의 시간을 가지려고 기쁨으로 노력하는 것은, 그분은 바로 당신의 하나님이시요 당신에게 원하시는 것이 그분 자신을 알고 사랑하는 것이기 때문입니다.

하나님께 시간을 내어드림으로써, 당신에게 꼭 하고 싶어하시는 말씀을 하실 수 있게 해드립니다. 당신은 하나님께서 당신을 얼마나 사랑하시는지를 자꾸만 잊어버리나, 하나님께서는 경건의 시간을 통해 몇 번이고 계속 상기시켜 주실 것입니다. 하나님께서는 세상에 현재와 영원 전부터 영원 후까지 존재하는 모든 것의 하나님이십니다. 이 하나님께서 당신에게 자신을 나타내시기 원하며, 자신의 마음과 생각을 그대로 알려 주고 싶어하십니다. 하나님께서는 당신을 측근으로 두고 싶어하시며, 중역실로 부르기 원하십니다. 회사의 전략들을 다 알 수 있는 곳입니다. 예수님께서는 이렇게 말씀하셨습니다. "이제부터는 너희를 종이라 하지 아니하리니, 종은 주인의 하는 것을 알지 못함이라. 너희를 친구라 하였노니, 내가 내 아버지께 들은 것을 다 너희에게 알게 하였음이니라"(요한복음 15:15).

물론, 하나님께서는 언제라도 말씀하시며, 경건의 시간에만 말씀하시는 게 아닙니다. 문제는 당신이 분주하고 정신없이 산다는 것입니다. 당신은 초점을 잃습니다. 하나님께서 하시는 말씀을 듣지 못합니다. 하나님께서는 당신의 관심을 끌려고 애를 많이 쓰시지만, 당신은 하나님을 향해 고개를 들지 않습니다. 경건의 시간은 당신 삶의 초점을 다시 맞추도록 돕기 위한 하나님의 아이디어입니다. 그것은 하나님의 아이디어로서, 하나님과 당신이 단둘이 만나는 시간입니다.

당신에게 필요하다
경건의 시간을 가져야 하는 두 번째 이유는, 그 시간이 당신에게 필요하기 때문입니다. 당신은 하나님과의 친교를 위해 창조되었습니다. 하나님과의 관계를 통해서 당신은 모든 면에서 최고의 보람과 만족을 맛보게 됩니다. 창조될 때부터 당신 속에는 친밀한 관계로 채워야 할 빈자리가 있었는데, 어떤 사람과의 관계도 그 자리를 채울 수가 없습니다. 친구들을 사귀고, 직업에서 성공하고, 여가 활동을 열심히 해도, 당신에게는 뭔가 빠진 것 같은 허전한 느낌이 있을 것입니다. 이는 그런 것들이 당신 안의 그 빈자리를 채울 수 없기 때문인데, 그 자리는 오직 하나님만이 채우실 수 있습니다.

하나님께서는 목적을 가지고 당신을 창조하셨으며, 당신을 위한 계획을 가지고 계십니다. 그 계획대로 살 때라야 풍성한 삶을 경험하게 됩니다. 하나님을 더 잘 알고 하나님의 마음과 생각에 일치하는 삶을 살기 위해서는 날마다 하나님과 단둘이 시간을 갖는 것이 필요합니다. 당신 삶을 위한 하나님의 계획과 지침은 "거기에 가서 이것을 행하라"이라기보다는 "내게로 가까이 와서 예수님처럼 되어라"입니다. 그러므로 하나님께 초점을 맞추는 시간이 필요합니다. 하나님께서는 당신을 창조하실 때 염두에 두고 있었던 당신으로 만들기 원하십니다. 하나님의 존전에서만 그러한 당신으로 빚어질 수 있습니다. (경건의 시간의 유익에 대해 더 알기 원하면 3장을 참조하십시오.)

세상은 당신 안에 계신 그리스도를 보는 것이 꼭 필요하다

몇 년 전의 일입니다. 우리 집에서 모임이 있었는데, 참석자들 가운데는 예수님을 믿는 사람도 있고 믿지 않는 사람도 있었습니다. 그런데 이웃에 사는 친구가 부엌으로 들어오더니 나에게 이렇게 말하는 것이었습니다. "당신에게 있는 것이 패티에게는 있고 낸시에게도 있는데, 메리에게는 없더군요." 이 사람은 아직 예수님을 믿지 않고 있었지만, 삶에서 그리스도를 나타내는 그리스도인들을 알 수 있었던 것입니다. 그 일을 통해 내가 상기하게 된 것은, 예수님께서는 자기 백성들을 통해 사람들에게 향기를 나타내신다는 것이었습니다(고린도후서 2:14 참조). 주님의 존전에 계속 머물면 우리를 통해 그리스도의 향기가 발산됩니다. 산 위에서 하나님과 40일 동안 시간을 보내고 내려올 때 모세의 얼굴에서는 빛이 났습니다. 하나님의 존전에서 많은 시간을 보냈기에 그의 얼굴은 하나님의 영광을 반사했던 것입니다(출애굽기 34:29-35, 고린도후서 3:18 참조).

우리는 험한 세상에서 살고 있습니다. 그리스도를 알아야만 하는 세상입니다. 하나님께서는 우리를 부르사 세상에서 빛과 소금의 역할을 하게 하셨습니다. 하나님께서는 우리에게 복을 주셔서 우리가 다른 사람들에게 복이 되기 원하십니다. 경건의 시간은 하루의 나머지 시간과는 아무런 관계도 없는 시간이 아닙니다. 그 시간은 하루 종일 모든 일과 인간관계에서 그리스도께 대한 헌신을 나타내기로 다짐하는 시간입니다.

창조주를 만나기 위해 준비하라

준비는 삶의 일부입니다. 사람들 앞에서 중요한 내용을 발표하려면 먼저 메모해 둔 것을 다시 읽어 봅니다. 손님을 맞이하기 전에 손님방을 청소하고 침대보를 정돈해 둡니다. 음식을 만들기 전에 재료를 준비하며, 기계를 고치기 전에 공구를 준비합니다. 성경은 예수님께서도 천국에서 우리를 위해 처소를 준비하고 계신다고 합니다(요한복음 14:2-3 참조).

준비는 많은 것을 말해 주는데, 인간관계에서 특히 그렇습니다. 예를 들어 보겠습니다. 지난 추수감사절에 우리 가족들은 딸집에서 축하 모임을 가졌습니다. 딸 베스는 아이들과 함께 순례자 모자와 인디안 머리 장식을 몇 개씩 만들어 두었는데, 식사할 때 모든 식구가 착용하기 위해서였습니다. 다섯 달밖에 안 된 아기에게 씌울 모자까지 있었습니다. 딸이 아이들과 함께 여러 개의 모자를 가지고 나오는 것을 보고, 우리를 위해 그들이 계획을 짰으며 준비를 했다는 것을 알 수 있었습니다. 우리가 도착하기도 전에 그들의 마음속에 우리가 있었던 것입니다. 우리는 그들에게 중요했습니다. 마찬가지로, 우리는 준비를 함으로써, 하나님과 친교를 발전시키고 싶은 우리의 열망을 표현합니다.

하나님과 만나기 위한 나의 준비

☐ 나는 오늘, 내일, 그리고 이번 주 내내 하나님과 만나기 위해 시간을 내겠다.
☐ 나는 (오전/오후) ____시 ____분에 하나님을 만나겠다.
☐ 나는 _____에서 하나님을 만나겠다.
☐ 나는 그 만남을 준비하기 위해, 하나님과의 관계를 발전시키는 데 도움이 되는 몇 가지를 챙겨 두겠다.
　　☐ 성경
　　☐ 펜과 노트(스프링 노트나 바인더 노트)
　　☐ 본서

본서의 장마다 적용 거리를 실었습니다('개인 적용을 위한 도움말'). 이 아이디어들을 사용하여 경건의 시간을 갖는 데 도움을 얻도록 하십시오. 그리고 나서 '묵상과 토의를 위한 질문'을 사용하십시오(당신 혼자서 혹은 다른 사람들과 함께). 그 질문들은 당신의 생각을 자극해 주고, 하나님과 만나는 것을 습관화하는 데 도움을 줄 것입니다.

요 약

경건의 시간은 하루 중에서 하나님과 단둘이 있기 위해 확보해 둔 시간입니다. 당신과 하나님의 관계를 발전시키려면 시간과 관심이 필요합니다. 세 가지 기본적인 이유가 경건의 시간을 갖도록 동기를 부여해 줍니다. (1) 하나님께서 당신과 만나기 원하신다. (2) 하나님과 정기적으로 만나는 이 시간이 당신에게 필요하다. (3) 당신 주위의 세상은 당신 안에 계신 그리스도를 보는 것이 꼭 필요하다.

개인 적용을 위한 도움말

시간과 장소를 정하고, 경건의 시간에 사용할 것들을 다 챙겼다면, 이 시간을 위해 마음을 준비하도록 하십시오. 마음을 고요하게 하십시오. 아래에 나오는 글을 읽음으로써 하나님께 초점을 맞추는 데 도움을 얻도록 하십시오. 읽고 나서는 잠시 멈추고, 눈을 감고 하나님의 입장에서 생각해 보십시오. 하나님께서 당신에 대해 어떻게 느끼실까요?

하나님께서는 이 세상에 존재하는 모든 것을 창조하셨고, 우주를 만드셨습니다. 하나님께서는 이 아름답고 푸른 혹성 지구를 궤도에 두시고, 사람들로 충만하게 하셨습니다. 하나님께서는 사람들을 자신의 형상대로 만드셔서 자신과 교제를 가질 수 있도록 하셨습니다. 하나님께서 만드신 것 하나 하나가 모두 자신의 영광과 즐거움을 위한 것입니다. 불행히도, 하나님께서 만드신 사람들은 언제나 하나님을 외면하고 있고, 늘 다른 것들로 바쁩니다. (잠시 멈추고 생각해 보십시오. 계속 하나님의 입장이 되어 보십시오.)

하나님께서는 사람들의 관심을 끌기 위해 온갖 것을 다 해 보십니다. 불타는 떨기나무에서 한 사람에게 말을 거십니다. 사람들이 홍해 바다를 걸어서 통과하게 하시면서 발이 젖지 않게 하십니다. 자신이 누구이시며 무엇을 생각하시는지를 알리기 위해 성경을 주십니다. 나중에는, 심지어 하나밖에 없는 아들을 인간 세상에 보내어 사람들과 함께 살게 하시고, 그들을 위해 죽게 하기까지 하십니다. 그리고 죽음에서 부활하게 하심으로 그 아들을 믿는 사람들이 자신과 더불어 영원히 천국에서 살 수 있게 하십니다. 이 모든 것이 그들과 교제하기 원하시기 때문입니다.

이 모든 노력에도 불구하고, 대개 사람들은 마치 하나님께서 계시지 않는 것처럼 행동합니다. 또는 혹시 계신들 자신들의 실생활과는 아무 관계가 없는 듯이 삽니다. 하나님께서는 사람들이 자신과 의미 깊고 친밀한 관계 가운데 살기를 간절히 원하십니다. 하지만 아무에게도 자신을 강요하지는 않으십니다. 강요하신다면 어떤 관계가 될지 한 번 생각해 보십시오. 하나님께서는 자신이 하실 수 있는 것을 행하시고 나서 기다리고 계십니다.

이 글을 조용히 묵상함으로 경건의 시간을 시작하십시오. 하나님의 입장이 되어 보며, 당신이 하나님을 알기를 얼마나 원하실지 생각해 보십시오.

이제, 그날을 위한 본문을 읽으십시오 (성경 말씀을 찾는 데 익숙지 않으면, 성경의 앞부분에 있는 목차가 도움이 될 것입니다.) 신약성경의 첫 부분에 나오는 네 권(마태복음, 마가복음, 누가복음, 요한복음)은 하나하나가 다 예수 그리스도의 전기입니다. 이번 주에는 마가복음에서 그리스도에 대한 말씀을 읽게 됩니다.

첫째 날 : 마가복음 1:1-8
둘째 날 : 마가복음 1:9-20
셋째 날 : 마가복음 1:21-34
넷째 날 : 마가복음 1:35-45
다섯째 날 : 마가복음 2:1-12
여섯째 날 : 마가복음 2:13-22
일곱째 날 : 마가복음 2:23-3:6

그날 몫의 본문을 읽고 나서, 경건의 시간 노트에 하나님께 짧은 편지를 쓰십시오. 말씀드리고 싶은 것이 무엇이든 간단히 기록하십시오. 당신의 현재 상황과 성경에서 읽은 내용에 대해 쓰십시오.

예

2001년 5월 14일
마가복음 1:1-8
하나님, 하나님과 만나는 시간을 갖고 싶습니다. 본문에는 이해가 안 되는 것이 많습니다. 가르쳐 주소서. 요한을 보내 사람들이 예수님을 만날 준비를 하게 하신 것처럼 제가 주님을 만날 준비를 하도록 도와주소서.
들려오는 임시 해고 소문과 우리 집 재정 상태가 신경이 쓰입니다. 걱정이 되고 혼란스럽습니다. 어떻게 해야 할지 알게 도와주소서.

좋습니다! 당신은 삶에서 가장 풍요로운 경험을 하고 있습니다. 다음 장으로 계속 나아감으로 하나님과의 친교를 발전시키는 데 더 많은 도움을 받으십시오.

묵상과 토의를 위한 질문

1. 하나님의 입장에 서보는 것이 하나님을 만나기 위해 당신의 마음을 준비하는 데 어떻게 도움이 되었습니까?

2. 하나님과의 관계에서, 어떤 면이 현재 당신에게 가장 큰 의미를 갖습니까? 당신의 친구가 되어 주시는 것입니까? 하나님의 위로입니까? 용서입니까? 아니면, 그 밖의 다른 어떤 것입니까?

3. 매일 하나님과 단둘이 만나는 것이 왜 하나님과의 친교를 발전시키는 데 기초가 됩니까?

4. 요한복음 15:15을 읽으십시오. 하나님께서는 당신과의 개인적이고 친밀한 관계를 원하십니다. 이번 주에 당신은 어떤 식으로 하나님과 친교를 나누었습니까?

5. 이번 주에 하나님께 쓴 편지들을 죽 읽어 보십시오. 하나님에 대해 배운 것은 무엇입니까? 당신 자신에 대해 배운 것은?

6. 하나님과 단둘이 보내는 시간이 다른 사람들과의 관계에 어떻게 영향을 미쳤습니까? 당신의 일에는? 이번 주의 당신의 태도에는?

38 Quiet Time으로의 초대

제 2 장
경건의 시간의 기본 요소

하나님과 더불어 경건의 시간을 갖는 것은 하나님의 부르심이요, 우리에게는 즐거움이자 특권입니다. 이 모든 것은 예수 그리스도께서 우리를 위해 죽으심으로 우리 것이 되었습니다. 그런데 "경건의 시간에 도대체 무엇을 해야 하는가?"라는 질문이 떠오를 것입니다. 좋은 질문입니다. 하나님과 만나 교제를 나눈다는 것이 듣기에 멋지고 신비롭기까지 하지만, 마음 한구석에는 그런 질문이 자리 잡고 있을 것입니다. 당신만 그런 것이 아닙니다. 새 신자였던 시절, 나는 사람들이 하나님과 더불어 경건의 시간을 갖는 것에 대해 이야기하는 것을 들었지만, 무엇을 말하는 것인지, 어떻게 그런 시간을 갖는지는 잘 몰랐습니다. 우리는 본이나 명확한 지침이 필요합니다. 이 장에서는 경건의 시간의 실제적인 면들을 다루겠습니다.

언제 갖는가

지금 시작하십시오. 대부분의 일들이 그렇듯이, 새로운 습관을 들이는 데도 '지금이 좋은 때다'라고 생각되는 경우는 잘 없습니다. 당신은 학생이어서 대학 생활에 적응하고 과중한 학과 공부를 감당하느라 씨름하고 있거나 중요한 논문의 마감 날짜를 눈앞에 두고 있을지도 모릅니다. 또는 새로 직장을 구했거나 새로 아기가 태어났을 수도 있고, 건강상의 문제나 그 밖의 다른 문제로 어려움에 처해 있을지도 모릅니다. 경건의 시간을 갖는 것을 연기하고, 좀더 사정이 좋아질 때까지 기다리고 싶은 유혹이 옵니다. 하지만 이상적인 때는 결코 오지 않습니다. 상황이 이상적이지 않아도 노력만 충분히 하면 가치 있는 습관들을 생활화할 수 있습니다. C. S. 루이스는 이런 말을 했습니다. "강한 성취 열망으로, 여전히 좋지 않은 여건에서도 노력하는 사람들만이 많은 것을 이룬다. 여건이 좋을 때는 한 번도 없다."

유익한 습관을 들이는 데는 힘이 들지만 그런 어려움은 감당할 만한 가치가 있습니다. 경건의 시간을 습관화하는 것이 **빠**를수록 당신이 유익을 누리는 것도 **빨**라집니다. 매일 아침 자명종이 울릴 때마다, 그 자명종을 끌 것인지 말 것인지, 어떻게 끌 것인지, 언제 끌 것인지, 어느 손을 사용할 것인지, 침대에 누운 채로 끌 것인지 일어나서 끌 것인지 등등을 결정해야 한다고 칩시다. 당신은 결코 침대에서 나오지 못할 것입니다! 보다 중요한 많은 일들이 이루어지는 것은 단순한 동작이 거의 자동적으로 이루어지기 때문입니다. 습관을 주의 깊게 형성해 두면, 당신이 하나님의 뜻으로 알고 있는 바대로 살 수 있습니다. 오스왈드 체임버스는 이렇게 썼습니다. "뜨거운 마음으로 행하지 않을 때는 습관대로 행하는 것이 우리를 지켜 주는 하나님의 방식이다."

그러므로 될 수 있는 대로 빨리 경건의 시간을 갖기 시작하고, 매일 그 시간을 갖기 위해 힘쓰십시오. 왜 매일 노력해야 합니까? 당신은 표류하기 쉽고 잊기 쉬운 사람이기 때문입니다. 내버려두면 곁길로 벗어나게 마련입니다. 당신을 표류하게 하는 강물은 그 흐름을 멈추지 않으며, 그래서 당신은 계속 노를 저어야 합니다. 날마다.

단호한 태도로 하나님께 진심어린 약속을 드리십시오. 담대하게 이렇게 말씀드리십시오. "하나님, 하나님과 만나기로 한 약속을 평생 동안 날마다 지키고 싶습니다. 오늘부터 하나님과 만나겠습니다. 내일도 모레도 그 다음날도 계속 만나겠습니다." 이것이 시작입니다.

이러한 방법은, 그 습관을 들이기 위해 올해는 매주 3일간, 내년에는 매주 5일간 만나겠다고 약속드리는 것보다 큰 유익점이 있습니다. 어떤 습관을 들이는 일에서 우유부단하고 머뭇거리는 것은, 마치 당나귀를 달래어 한 계단 한 계단 오르게 하려는 것과 같습니다. 과감하게 성큼 앞으로 발걸음을 내딛도록 하십시오. 하나님과 더불어 갖는 시간에 우선순위를 두십시오. 한 연구 결과에 따르면, 날마다 행하기만 하면 한 달 안에 새로운 습관을 들일 수 있다고 합니다.

매일 갖는 것을 목표로 하십시오. 갖지 못한 날로부터는 교훈을 얻도록 하십시오. 혹시 수요일마다 자꾸 못 갖습니까? 그렇게 된 것은, 아마 화요일 밤의 모임 때문에 다른 날보다 늦게 잠자리에 든 탓에 아침에 일찍 일어나지 못해서거나, 수요일 아침마다 누군가와 아침 식사 약속이 있어서 등등, 뭔가 이유가 있을 것입니다. 원인을 알아냈다면, 해결책도 생각할 수 있을 것입니다. 못 가졌다고 패배감에 휩싸이지 말고 배우는 기회로 삼으십시오. 헌신되어 있으면 창의적이 됩니다. 하나님과 단둘이 갖는 경건의 시간을 당신 삶의 일부로 삼기로 결단하십시오. 그렇게 하면, 삶의 소용돌이 속에서도 그 시간을 갖는 법을 알아내게 될 것입니다.

"언제?"라는 질문에 대해 계속 알아봅시다. 성경은 특정한 시간을 제시하고 있지는 않습니다. 하지만, 매우 실제적인 여러 이유로 말미암아 하루 중 될 수 있는 대로 이른 시간에 갖는 것이 좋습니다. 그렇게 하는 것이, 영혼의 건강을 도모하고, 마음속의 나침반이 올바른 방향을 가리키게 하며, 불확실한 하루를 맞기에 앞서 마음을 새롭게 하는 데 좋습니다. 다윗은 이렇게 말했습니다. "여호와여, 아침에 주께서 나의 소리를 들으시리니, 아침에 내가 주께 기도하고 바라리이다"(시편 5:3).

하나님께서는 모세에게 만나자고 하시면서 다음과 같은 방식을 제시하셨습니다. "아침 전에 예비하고, 아침에 시내산에 올라와 산꼭대기에서 내게 보이되"(출애굽기 34:2). 이 구절은 몇 가지 면에서 경건의 시간을 위한 좋은 본을 제시합니다. "예비하고"라는 말을 보면, 하나님과 만나는 시간을 위해 준비를 해야 한다는 사실이 생각납니다. "아침에"라는 말은 새로운 하루를 시작하면서 하나님께 우리 시선을 고정하도록 격려해 줍니다. "보이되"라는 말은 히브리어 원어로 보면, 하나님 앞에 선다는 의미가 들어 있습니다.

비록 나는 하루 중 가장 이른 시간에 하나님과 단둘이 만나도록 권하고 있기는 하지만, 하나님을 만나기에 좋기만 하다면 어떤 시간이라도 괜찮습니다. 성경에는 낮과 밤 언제든 하던 일에서 물러나 하나님과 단둘이 시간을 보낸 사람들의 이야기가 나와 있습니다. 그 옛날 다니엘은 하루 세 번씩 시간을 정해 놓고 하나님을 만나는 습관이 있었습니다. "다니엘이 이 조서에 어인이 찍힌 것을 알고도 자기 집에 돌아가서는, 그 방의 예루살렘으로 향하여 열린 창에서 전에 행하던 대로 하루 세 번씩 무릎을 꿇고 기도하며 그 하나님께 감사하였더라"(다니엘 6:10). 시편 119편의 기자는 하루 중 수시로 하나님을 만났습니다. 밤중에는 감사를 드리기 위해 만났고(시편 119:62), 새벽 전에는 도움을 구하기 위해 만났으며(147절), 하나님의 약속들을 묵상하려고 밤새도록 만나기도 했고(148절), 찬양을 드리기 위해 하루 일곱 번씩이나 만나기도 했습니다(164절). 휴!

내가 루이스를 만나기 시작했을 때 그는 새롭게 예수님을 따르기 시작한 사람이었습니다. 우리는 주님과 더불어 날마다 시간을 보내는 것의 중요성에 대해 대화를 나눈 후, 그 시간을 통해 하나님과 우리 자신에 대해 배운 것을 함께 나누었습니다. 그러던 어느 날, 루이스가 "아침저녁으로 경건의 시간을 가져도 돼요?"라고 물었던 기억이 납니다.

물론입니다! 아침저녁으로 경건의 시간을 갖는 것은 아침저녁으로 드리는 제사를 하나님께서 제정하신 것을 상기시킵니다(출애굽기 29:39 참조). 우리 주님께서는 아침과(마가복음 1:35 참조) 저녁에(마태복음 14:23, 누가복음 21:37 참조) 아버지를 만나셨습니다.

론은 성숙한 그리스도인인데 오래 전부터 아침저녁으로 주님과 만나고 있습니다. 아침에 경건의 시간을 가질 때는 그날의 스케줄과 '할 일 목록'을 가지고 기도하는 시간을 갖습니다. 그날 만나게 될 사람들과 하게 될 일들을 생각하면서 지혜와 능력과 민감성과 담대함을 주시도록 기도합니다. 저녁에는 그날을 뒤돌아보며 기도합니다. 하루를 돌이켜보면서, 함께 대화를 나누었던 사람들을 위해 기도하며, 그들과 나누었던 대화를 되새겨 보고, 취해야 할 행동이 있으면 기록해 둡니다.

"언제?"라는 질문에 대한 대답은, 당신을 만드신 분을 만나는 데는 언제라도 좋은 시간이라는 것입니다. 당신 자신의 특별한 환경들을 고려해서, 매일의 경건의 시간을 위하여 시간을 정하십시오. 오늘부터 그 시간을 갖기 시작하십시오.

어디서 갖는가

당신은 하나님과 교제를 갖기 위한 이상적인 장소로, 장엄한 교회당이나, 산꼭대기, 또는 따뜻한 난로 곁에 있는 안락한 의자를 생각할지 모르겠습니다. 그러나 우리가 사는 세상은 그렇게 이상적이지만은 않습니다. 사람들은 눅눅한 감방과 고통의 병상에서 하나님을 만났습니다. 열아홉 자녀의 어머니 수산나 웨슬리는 시끌벅적한 집 안에서 앞치마를 뒤집어쓰고 기도했습니다. 나의 남편 로저는 신병 훈련소에 있을 때 화장실에서 하나님을 만났습니다. 내 친구 제인은 침대 위에 책상다리를 하고 앉아서 기도했는데, 이때 검은색의 커다란 어깨걸이를 드리웠습니다. 룸메이트가 왔다갔다해도 방해를 받지 않기 위해서였습니다.

살아가다 보면 당신은 환경에 따라 다양한 장소에서 하나님을 만나게 될 것입니다. 레니는 침대 위에 성경과 노트를 펼쳐 놓고 거기서 무릎을 꿇고 성경을 읽고 기도합니다. 진은 흔들의자의 팔걸이에 성경을 놓고, 갓난아기에게 젖을 먹이면서 하나님을 만납니다. 앨런은 직장 주차장의 자기 차 안에서 하나님을 만납니다. 존은 부엌의 식탁에서 하나님을 만납니다. 흔들리지 않는 의자와 필기에 도움이 되는 반반한 식탁이 좋아서입니다. 그의 아내인 팻트는 성경과 노트를 가지고 침대에 앉아서 하나님을 만나기를 좋아합니다. 나의 남편은 아침마다 같은 장소에 가기를 좋아합니다. 집에서 멀리 떨어진 곳에 있을 때는, 그는 어디서 주님을 만날 것인지 전날 저녁에 결정해 두며, 그곳에 머무르는 한 그 장소로 갑니다.

윌리엄 로(1686-1761)는 자신의 한 저서에서 가능하면 늘 같은 장소에서 기도 시간을 갖도록 권하고 있습니다. 그리고 그 장소는 오직 기도하고 성경 읽는 데만 사용하라고 했습니다. 어떤 장소를 성별해 두면, 그곳에 갈 때 좀더 경건한 마음을 갖게 된다는 것입니다. 성경은 아브라함에 대해 이렇게 기록하고 있습니다. "아브라함이 그 아침에 일찍이 일어나 여호와의 앞에 섰던 곳에 이르러"(창세기 19: 27). 하나님께서 이전에 당신을 만나 주셨던 곳에서 하나님과 만나는 것은 좋은 일입니다.

얼마나 오래 갖는가

경건의 시간에 얼마나 시간을 들이느냐는 주로 당신의 영적 열망에 달려 있습니다. 짧은 시간으로 시작하고 꾸준히 갖도록 하십시오. 하루에 10분 정도로 시작하십시오. 얼마나 꾸준하게 갖느냐가 얼마나 길게 갖느냐보다 중요합니다. 목표는 일 년 만에 성경 1독을 하는 것이나 하루에 한 시간을 기도에 들이는 것이 아닙니다. 당신이 경건의 시간을 갖는 것은 하나님을 만나기 위해서이며, 하나님께서 당신을 사랑하시고 당신 또한 하나님을 사랑하기에 하나님께만 관심을 쏟는 시간을 갖기 위해서입니다. 명심하십시오. 당신이 경건의 시간을 습관화하고 있는 것은 영적인 목적을 위해서입니다. 하나님께서 당신과 친교를 나누기 원하시고, 당신은 하나님을 알고 사랑하기 원하며, 세상은 당신 안에 계신 그리스도를 보는 것이 절실히 필요합니다. 그래서 당신은 경건의 시간을 갖습니다.

경건의 시간이라는 평생에 걸친 습관을 많은 사람들이 처음에는 짧은 시간으로 시작했습니다. 주님과 정기적으로 시간을 갖는 사람들은 대부분 이 시간이 하루의 하이라이트가 된다는 것을 발견합니다. 10분은 늘어납니다. 축복과 유익이 너무나 풍성하기 때문입니다.

어떻게 갖는가

이미 알게 되었을 줄로 생각되는데, 경건의 시간에 따라야 할 무슨 규칙이 있지는 않습니다. 이 시간은 하나님과의 관계를 발전시키는 시간이요, 관계라는 것은 개인적이고 늘 변화합니다. 내가 하나님과 더불어 갖는 시간은 당신이 갖는 시간과 다를 것이요, 내가 갖는 시간도 내 인생의 어떤 시기를 지나고 있느냐에 따라 다를 것입니다. 개성, 환경, 인생의 계절, 영적 성숙도, 열망 등 모든 것이 그리스도와 함께하는 시간에 영향을 미칩니다.

이 책의 여기저기에는 사람들이 어떻게 하나님과 만나는 시간을 갖고 있는지 보여 주는 실례들이 많이 나와 있습니다. 그 실례들을 통해 당신은 아이디어를 얻을 뿐만 아니라, 하나님과 함께하는 시간은 개인적이고 독특한 시간임을 알게 될 것입니다.

기본 요소: 말씀과 기도

경건의 시간을 위한 정해진 규칙은 없지만, 기본 요소는 있습니다. 의사소통은 어떤 관계에서도 없어서는 안 될 필수적인 것입니다. 하나님과 단둘이 갖는 시간에, 하나님께서는 당신에게 말씀하시고 당신은 하나님께 말씀드립니다.

하나님께서는 성경을 통해 가장 온전하게 자신을 나타내십니다. 성경에서, 하나님께서는 자신이 누구시고, 어떤 분이시며, 어떤 것을 생각하고 계시고, 어떤 것을 가치 있게 여기시는지, 어떤 것을 싫어하시는지 말씀해 주십니다. 하나님께서는 자신이 세상에서 무엇을 하고 계시는지, 자신의 계획에서 당신이 맡은 역할이 무엇인지 말씀해 주십니다. 하나님께서는 성경에다 여러 가지 풍성한 자원들에 대해 세세하게 기록해 두셨습니다. 그 모든 자원들은 그리스도를 믿을 때 당신 것이 되었습니다. 그리고 하나님께서는 성경을 통해서 당신이 어떻게 살기를 원하시는지 명확하게 보여 주십니다. 성경은 당신에게 보내 주신 하나님의 사랑의 편지이며, 그 하나님께서는 언제나 당신이 자신에게 나아올 수 있게 하십니다.

하나님의 말씀을 읽는 것은 꼭 필요합니다. 왜 그렇습니까? 우리는 하나님의 말씀을 듣고 싶어하기 때문입니다. 진리의 말씀을 듣기 원하는 것입니다. 정기적으로 성경 말씀을 접하지 않으면 하나님의 말씀을 듣고 있다고 말할 수 없습니다. 성경 읽기는 하나님께서 어떤 분이신지를 보여 주고, 생각을 바꾸어 주며, 영혼을 살찌웁니다.

대화라는 것은 양방향으로 이루어집니다. 주고받는 것입니다. 하나님께서는 성경 말씀과 성령을 통해 당신에게 말씀하시고, 당신은 기도를 통해 하나님께 말씀드립니다. 때로는 당신이 화제를 꺼내고, 이어서 하나님께서 하시는 말씀을 들으려고 귀를 기울입니다. 때로는 하나님께서 당신이 성경을 읽을 때 화제를 꺼내시며, 당신은 기도로 하나님께 응답합니다.

예를 들어 설명하겠습니다. 나는 오늘 아침에 이사야 55:10-11을 읽고 있었습니다. "비와 눈이 하늘에서 내려서는 다시 그리로 가지 않고, 토지를 적시어서 싹이 나게 하며 열매가 맺게 하여 파종하는 자에게 종자를 주며 먹는 자에게 양식을 줌과 같이, 내 입에서 나가는 말도 헛되이 내게로 돌아오지 아니하고, 나의 뜻을 이루며 나의 명하여 보낸 일에 형통하리라."

성경에서 이 구절을 읽을 때, 하나님께서 화제를 꺼내셨습니다. '하나님의 말씀'이라는 화제입니다. 여러 가지 생각과 질문이 떠올랐습니다. '하나님의 말씀은 비와 눈과 같다. 심신을 상쾌하게 하고, 영양분을 준다는 말이다. 나는 하나님의 말씀이, 하늘나라로부터 내게로 오는 신비한 선물임을 믿고 있는가? 나는 하나님께서 이스라엘 백성들 위에 만나를 비처럼 내리셨듯이 나를 위해 영적 양식을 내리시고 있다는 것을 알고 있는가? 나는 하나님의 말씀이 내가 열매 맺을 수 있게 한다는 사실을 믿는가?' 나는 기도로 응답했습니다. "주님, 주님의 말씀으로 인해 감사드립니다. 주님께서는 주님의 뜻을 이루시기 위해 말씀을 저에게 주십니다. 제가 좀더 마음을 활짝 열고 주님 말씀을 받아들이게 해주시고, 그 말씀이 저의 삶에서 주님의 목적을 이루게 하여 주소서."

또는 내가 화제를 꺼내기도 합니다. 나는 관심사를 하나님께 말씀드립니다. "하나님, 수지가 걱정됩니다. 그를 위해 제가 어떻게 해야 할지 알게 해주소서." 나는 성경을 읽기 시작합니다. 하나님께서는 내가 읽는 말씀을 통해서 말씀해 주시거나, 또는 성경의 다른 부분으로부터 어떤 생각을 내 마음에 심어 주십니다. 우리의 교사이신 성령께서는 구체적인 상황에 대하여 어떤 말씀이 갖는 '뜻'과 '적용'을 가르쳐 주십니다. 여기서 '뜻'이라는 것은 성경 말씀이 어떤 구체적인 상황에 대해 어떤 의미를 가지며, 어떤 결과를 가져와야 하는가 하는 것입니다. '적용'이란 어떤 말씀에 근거하여 우리 삶에서 실제로 어떻게 행할 것인가 하는 것입니다.

이사야 55:10-11을 예로 들어 보겠습니다. 이 구절은 하나님의 말씀이 이땅에서 하나님의 뜻을 성취한다고 가르칩니다. 나는 이렇게 여쭤 봅니다. "하나님, 이 구절이 수지의 상황과 관련하여 어떤 의미가 있습니까? 제가 알기에, 하나님께서는 말씀을 사용하여 이땅에 있는 주님의 백성들을 도우십니다. 하나님의 말씀을 보내어 수지의 삶에서 주님의 목적을 이루소서. 하나님, 하나님께서는 자녀들에게 말씀을 들려주시기 위해 종종 사람들을 사용하십니다. 수지의 삶에 영향을 주어 주님의 목적이 이루어지도록 하기 위해, 제가 해야 할 것이 있습니까?"

그 결과, 어떤 적용을 할 수 있겠습니까? 수지에게 말씀이 비처럼 내려서 새로운 힘을 주고 격려해 주시도록 기도하는 것, 또는 내가 하나님과의 교제 시간에 배운 것을 수지와 나누는 것 등입니다.

방 법

경건의 시간을 위해 정해진 규칙은 없으나, 체계적인 방법은 필요합니다. 청사진이 없으면 경건의 시간에 목표 없이 표류하는 경향이 있습니다. 체계적 방법은 당신의 목적을 이루기 위한 것입니다. 당신의 목적은 하나님과 친교를 나누며, 하나님을 알아 가고, 하나님께 경배하며 순종하고, 하나님에 의해 변화되는 것입니다.

몇 가지 방법을 소개합니다. 이번 한 주 동안에 따를 방법을 하나 선택하십시오. 다른 방법으로 바꾸어도 되겠다 싶은 느낌이 들 때까지 계속 한 방법을 따르도록 하십시오. 그리고 나서 다른 방법을 사용해 보거나, 지금 사용하고 있는 방법에 다른 요소를 첨가하십시오. 이 책 전체를 통해 다른 사람들로부터 아이디어를 조금씩 얻게 될 것입니다. 이러한 아이디어와 통찰은, 신선하고 활기찬 경건의 시간을 갖는 데 도움이 될 것입니다.

방법 1

마음을 준비하십시오. 하나님을 만나기 위해 왔다고 하나님께 말씀드리십시오.

마가복음을 계속 읽어 나가면서, 성경에 표시를 하십시오. 색연필이나 형광펜을 사용하여 당신에게 중요해 보이는 내용이 눈에 잘 띄게 표시를 하십시오. 또는 볼펜이나 연필 등을 사용하여 의미 깊은 단어나 구절에 밑줄을 긋거나 동그라미를 치십시오. 이렇게 하는 것은 좀더 집중해서 성경을 읽는 데 도움이 되고, 어떤 구절들이 눈에 띄게 하여 그리로 되돌아갈 수 있게 해줍니다.

경건의 시간 노트에 하나님께 편지 쓰기를 계속하십시오.

방법 2

이 방법은 4R로 나타낼 수 있습니다. 읽기(Read), 요약(Report), 묵상(Reflect), 응답(Respond). 이 방법이 어떻게 이루어지는지 소개하겠습니다.

읽기(Read). 성경에서 책 하나를 선택하여 매일 아침 한 부분씩 읽어 나가되 그 책을 끝마칠 때까지 그렇게 하십시오. 그리고 나서 성경의 다른 책을 선택하여 죽 읽어 나가십시오. 마가복음으로 시작하여 빌립보서로 나아가도록 하십시오. 읽을 분량은 당신에게 달려 있습니다. 어떤 아침에는 한 구절에 시간 전부를 들이게 될 것이요, 어떤 때는 더 많은 구절을 읽게 될 것입니다(대개 한 장이 넘지는 않을 것입니다). 천천히 그리고 깊이 생각하면서 읽으십시오. 경건의 시간 노트의 각 페이지 맨 위에는 날짜와 읽은 말씀의 장절을 기록하십시오.

요약(Report). 당신이 읽은 내용을 노트에 기록하십시오. 성경에 나와 있는 사실을 기록하십시오. 내용을 요약하십시오. 이는 하나님께서 당신에게 쓰신 편지 내용에 집중하기 위함입니다. 이 시점에서, 당신은 기자와 같습니다. 객관적이 되십시오. 읽은 것을 해석하지 마십시오.

묵상(Reflect). 각각의 사실들을 곰곰 생각하십시오. 그 사실은 무엇을 의미합니까? 이 말씀을 통해 하나님에 대해 배우는 바는 무엇입니까? 그것은 오늘 당신 삶에 어떤 영향을 미쳐야 합니까? 하나님께서는 당신에 대해 어떻게 말씀하십니까? 그것은 어떻게 당신의 태도나 시야를 바꿉니까? 무슨 명령이나 지시가 있습니까? 그것을 오늘 어떻게 적용하겠습니까? (이 묵상 질문들은 묵상을 자극하기 위한 것으로 삼고, 과제로는 삼지 마십시오. 목적은 하나님과의 친교이지 그 질문들에 답하는 것이 아닙니다.)

응답(Respond). 하나님께 말씀드리십시오. 묵상한 내용이 당신의 기도에 활력을 불어넣게 하십시오. 하나님에 대해 깨달은 것 가운데 중요하게 생각되는 것을 하나님께 아뢰십시오(그렇게 하면 찬양 기도가 됩니다). 당신을 위해 해주신 것에 대해 감사드리십시오. 하나님께서 보여 주신 뜻에 순종하기 위해 하나님의 도우심을 구하십시오.

이 방법이 어떤 식이 되는지 보여 주는 예를 세 가지 소개합니다. 하나님과의 만남을 시작한 지 얼마 되지 않았다면, 경건의 시간에 기록한 것은 첫 번째 예처럼 될 것입니다. 두 번째와 세 번째 것은 좀더 상세합니다. 떼어 둔 시간의 양, 성경 본문 자체, 그리고 하나님께서 깨닫게 해주신 것에 따라, 기록 분량은 바뀔 것입니다.

예 1 (짧게 쓰는 방식)

2001년 4월 14일
읽기: 마태복음 6:28-34
요약: 예수님께서는 자신을 따르는 자들에게 염려하지 말고
　　　하나님을 먼저 찾으라고 하신다.

묵상: 예수님께서는, 우리에게 염려에 휩싸이기보다는 하나님을 먼저 찾으라고 말씀하신다. 우리가 해야 할 것은 염려가 아니라 하나님을 먼저 찾는 것이다.

응답: 하나님, 일터로 가기 전에 먼저 하나님을 만나는 것이 참으로 저의 염려를 덜어 줄 수 있는 안 수 있습니다. 오늘 하는 모든 일에서 하나님을 먼저 찾게 도와주소서.

예 2 (길게 쓰는 방식)

2001년 7월 7일

읽기: 마가복음 1:35-39

요약: 예수님께서는 분주한 하루를 보내셨고, 아마도 밤늦게까지 일하셨을 것이다. 그렇게 하고 난 바로 그 다음 날인데도 예수님께서는 아직도 어두울 때에 아버지와 만나기 위해 일어나셨다. 예수님께서는 조용한 장소를 물색하셨다. 그때 제자들이 와서 예수님을 찾았다. 모든 사람이 예수님을 찾고 있다는 것이다. 이에 예수님께서는 "우리가 다른 가까운 마을들로 가서 복음을 전해야 한다"고 말씀하셨고, 그들은 그 말씀대로 했다.

묵상: 예수님께서는 아버지와 만나기 위해 대가를 치르셨다. 그토록 바쁘게 하루를 보내신 후에 일찍 일어나는 것은 분명 쉬운 일이 아니었을 것이다. 그렇게 하는 것이 예수님께서 자신을 위해 중요하다고 생각하셨다면, 나를 위해서는 얼마나 더 중요한 것인가!

수많은 사람들이 예수님께 몰려왔다. 예수님께서는 한적한 곳, 방해를 받지 않고 하나님과 단둘이 시간을 보낼 수 있는

경건의 시간의 기본 요소   55

곳을 찾으셨다. 하나님과 단둘이 있기 위해 내가 갈 수 있는 곳은 어디인가?

　제자들은 예수님께서 전날 저녁에 고쳐 주셨던 사람들을 보살피기 위해 모든 것을 제쳐 두고 돌아와야 한다고 말하고 있는 것 같다. 예수님께도 무엇을 해야 하는지를 알려 주려는 사람들이 있었다. 예수님께서 그들의 생각과 달리하게 행하신 것은 흥미롭다.

　현재 처한 곳에 많은 기회가 있는데 다른 데로 옮아가는 것은 전략적이지 않은 것 같다. 어떻게 예수님은 다른 마을로 가기로 결정하셨는가? 혹시 하나님과 단둘이 보낸 시간에 하나님으로부터 지시를 받으셨는가?

응답: 하나님, 하나님께서는 예수님을 인도하셨듯이 저를 인도하기 원하시리라 믿습니다. 오늘 저의 삶을 이끌어 주소서. 하나님의 음성을 듣게 해주시고, 주위 사람들의 말만 듣는 일이 없도록 하소서. 예수님처럼 하나님을 만나기 원합니다. 저를 가르쳐 주시고, 이끌어 주소서.

예 3 (길게 쓰는 방식)

2001년 10월 4일
읽기: 다니엘 6:1-10
요약: 다니엘은 심한 곤경에 처해 있다. 그는 정부 고관으로서 일을 썩 잘 수행했고, 이것이 120명의 방백들(모든 방백)에게 질투심을 불러일으켰다. 그 사람들은 다니엘이 흠을 잡아서 고소하고자 했지만, 그의 성품과 일 처리는 전혀 나무랄 데가 없었다. 그들은 고소 거리를 찾고자 할 때 하나님께 대한

그의 헌신이 취약점임을 알았고, 왕을 설득하여서 법령 하나를 제정하게 했다. 이 새로운 법령에 따르면, 왕 외에 다른 누구에게 기도를 드리는 사람은 누구든 사자 굴에 던져 넣도록 되어 있었다.

"다니엘이 이 조서에 어인이 찍힌 것을 알고도 자기 집에 돌아가서는 그 방의 예루살렘으로 향하여 열린 창에서 전에 행하던 대로 하루 세 번씩 무릎을 꿇고 기도하며 그 하나님께 감사하였더라."

묵상: 다니엘은 경건의 시간을 중단할 만한 충분한 이유가 있었다. 무엇이 그로 하여금 그 시간을 충성스럽게 갖도록 했는가? 그는 확립된 틀이 있었다: 장소, 시간, 방법.

응답: 주님, 저는 아주 하찮은 것 때문에도 주님과 만나는 시간을 갖지 못했는데, 용서해 주소서. 저는 경건의 시간을 갖는다고 무슨 위험에 처한 적은 한 번도 없습니다. 주님과 단둘이 갖는 시간을 내는 일에 견고한 기초를 놓게 해주셔서, 어떠한 상황에서도 주님과의 시간을 성실하게 갖게 하소서.

요 약

오늘부터 주님과 단둘이 만나는 시간을 갖기 시작하십시오. 그 시간은 언제 가져도 되지만, 가능하다면 하루 중 가장 이른 시간에 갖도록 하십시오. 장소를 택하십시오. 체계적인 방법을 따르십시오. 경건의 시간을 갖는 목적을 명심하십시오.

개인 적용을 위한 도움말

☐ 일생 동안 매일 만나고 싶다고 주님께 말씀드리십시오.

☐ 때를 정하십시오. (오전/오후) ___시 ___분

☐ 장소를 정하십시오. _____에서

☐ 주님과 만나는 시간에 이 책에 소개한 방법 가운데 하나를 따르십시오.

묵상과 토의를 위한 질문

1. 다음의 말을 깊이 생각해 보십시오.

> 강한 성취 열망으로, 여전히 좋지 않은 여건에서도 노력하는 사람들만이 많은 것을 이룬다. 여건이 좋을 때는 한 번도 없다. -C. S. 루이스

> 헌신되어 있으면 창의적이 됩니다. 하나님과 단둘이 갖는 경건의 시간을 당신 삶의 일부로 삼기로 결단하십시오. 그렇게 하면, 삶의 소용돌이 속에서도 그 시간을 갖는 법을 알아내게 될 것입니다. (42쪽)

당신이 매일 하나님과 단둘이 만나는 것을 습관화하는 데 있어서, 좋지 않은 여건으로는 어떤 것을 들 수 있습니까? 경건의 시간을 꾸준히 갖는 데 도움이 될, 창의적 해결

책으로는 어떤 것이 있습니까? 지난주에 경건의 시간을 갖지 못한 날이 있습니까? 갖지 못한 날로부터 앞으로 도움이 될 교훈을 배웠습니까? 무엇입니까?

2. 당신이 삶에서 새로운 습관을 들이는 데 가장 중요한 요소는 어떤 것들이라고 생각됩니까? 이 요소들을 위해, 어떤 구체적인 조처를 취하겠습니까?

3. 하루 중 이른 시간에 경건의 시간을 갖는 것의 유익점으로는 어떤 것들이 있습니까?

4. 이 장에서는 몇몇 성경 속의 인물과 현시대의 인물들이 가진 경건의 시간을 소개했습니다. 당신에게 격려와 도전이 되고 교훈을 주는 예는 어느 것입니까? 어떻게?

5. 이번 주에 경건의 시간에 배운 것을 소그룹 모임에서 나누거나 친구와 나누도록 하십시오.

제 3 장
경건의 시간의 유익

한 젊은 여성은 미국에 처음 왔을 때 사람들이 자기를 외계인이라고 하는 줄 알고 불쾌했다고 했습니다. alien이라는 단어가 외국인이라는 의미도 있는데 그때까지 그는 외계인이라는 의미만 있는 줄 알았던 것입니다. 그의 말을 들으니 웃음이 나왔습니다.

당신이 진정으로 예수 그리스도를 믿는다면 성경에서는 당신이 외국인이요 나그네라고 합니다(히브리서 11:13-14 참조). 이 사실은 당신에게 충격적인 일일지도 모릅니다. 베드로는 믿는 이들을 "나그네와 행인"(베드로전서 2:11)으로 부릅니다. 당신은 그리스도를 믿음으로 하나님의 자녀가 되었으며, 이제 이 세상과 영원한 본향인 하늘나라, 이렇게 두 세상에 걸쳐서 살기 시작했습니다. 예수님께서는 자신이 세상에 속하지 않은 것처럼 당신도 세상에 속하지 않는다고 하셨습니다(요한복음 17:14-16 참조). 그럼에도 불구하고 당신을 세상에 남겨 두신 것은 주님 자신의 목적을 이루시기 위해서입니다. 그러나 당신이 이곳에서 살 때, 하나님께서는 하늘나라에 시선을 고정시키고 살라고 하십니다. 비록 보이지는 않는 나라이지만, 그곳에서 그리스도와 함께 살게 될 삶이 진정한 삶입니다.

하나님께서는 그리스도 안에서 하늘에 속한 모든 신령한 복으로 우리에게 복 주셨습니다(에베소서 1:3 참조). 우리 눈에 보이는 화려한 세상이 주위에서 우리에게 손짓하고 있는데, 어떻게 우리는 나그네로서 하늘나라, 위에 있는 보이지 않는 것들에 관심을 집중하며 살아갈 수 있습니까? 어떻게 행인이요 순례자로서 천국에 눈을 고정시키며 이땅에서 살아갈 수 있습니까? 이 힘든 세상을 헤쳐 나가려면 매일 하나님의 진리에 시선을 고정시켜야 합니다.

경건의 시간의 유익

경건의 시간은 수많은 유익이 있습니다. 그 시간에 우리는 하나님께 시선을 고정할 수 있습니다. 또한 우리 삶의 보이지 않는 영역들에 시선을 고정할 수 있습니다. 경건의 시간의 유익 가운데 일부를 살펴보도록 하겠습니다.

경건의 시간은 '세상 영향에서 벗어나는' 시간이다

바닷가에 서 있어 본 적이 있습니까? 발 주위로 물결이 밀려 왔다가 밀려갑니다. 당신은 파도 소리, 밀려왔다가 밀려가는 물결, 물보라의 아름다운 광채, 그리고 독특한 바다 냄새로 인해 한동안 황홀경에 빠져들 것입니다. 그러다가 정신을 차려 보면, 모래가 발목 주위에 쌓여 있고 발이 모래 속으로 빠져들고 있음을 알게 됩니다. 거기서 벗어나기 위한 노력이 필요합니다. 그런 기억이 있습니까?

영적 삶에서도 마찬가지입니다. 가만히 서 있으면 세상의 찌꺼기들이 당신 주위에 쌓이고, 당신은 세상에 빠져들게 됩니다. 불행하게도 당신은 자신이 점점 더 깊숙이 수렁 속으로 빠져들고 있는데도 잘 지내고 있는 줄로 착각할 수 있습니다.

나그네로서 이땅에서 살아가다 보면 그리스도인들은 많은 도전에 직면합니다. 세상은 당신에게 친숙하고 편하고 자연스러운 곳이나, 예수님 안에서 믿음으로 사는 삶에 대해서는 적대적인 곳입니다. 하나님께서 당신을 이 세상에서 건져 내어 하나님의 나라로 맞아들이셨으나, 당신은 여전히 방황하거나 주님께 대한 첫 사랑에서 멀어지기가 쉽습니다. 자신도 모르는 사이에 그런 일이 일어납니다. 당신은 아무것도 할 필요가 없습니다. 가만히 두기만 하면 세상은 당신을 다시 자기 영향력 아래로 끌고 들어갑니다.

경건의 시간은 '마음을 새롭게 하는' 시간이다

하나님께서는 믿음으로 사는 삶으로 당신을 부르셨습니다. 이것은, 실재하나 보이지는 않는 것에 기초한 분명한 확신을 가지고 사는 것을 의미합니다(히브리서 11:1 참조). 그렇게 살아가는 동안, 가시적이고 유형적인 세상은 계속 엄청난 힘으로 우리를 끌어당깁니다. 의도하지는 않았지만, 당신 영혼의 나침반은 당신이 살아갈 때 올바른 방향을 가리키지 않게 됩니다. 성경은 이에 대해 당신에게 엄히 경고하면서 이렇게 촉구합니다. "너희는 이 세대를 본받지 말고, 오직 마음을 새롭게 함으로 변화를 받아, 하나님의 선하시고 기뻐하시고 온전하신 뜻이 무엇인지 분별하도록 하라"(로마서 12:2).

하나님께서는 당신에게 "네 마음속의 관심사를 주관하여, 그것이 세상의 틀에 찍혀 나오지 않게 하라"고 하십니다. 하나님께서는 당신이 적극적으로 주님의 진리로 마음과 생각을 새롭게 하기 원하십니다. 마음을 새롭게 하십시오. 그럴 때 믿음으로 살고, 보는 것으로 살지 않게 됩니다(고린도후서 5:7 참조).

경건의 시간은 '초점을 고정시키는' 시간이다

예수님 당시의 세상도 예수님께서 천국에서 알고 있었던 것에 대해 적대적이고 무관심했습니다. 세상은 예수님께서 창조하셨으나, 예수님을 알아보지도 못했고 영접하지도 않았습니다(요한복음 1:10-11 참조). 이땅 위에서 예수님께서는 하나님 아버지께 초점을 맞추고 사셨으며, 또한 자신이 경험으로 알고 있는 영원한 것들에 초점을 맞추고 사셨습니다. 아버지와의 친교를 통해 예수님께서는 자신이 알고 있는 실체에 초점을 맞추셨고, 예수님과 같은 방법으로 우리는 믿음으로 알고 있는 실체에 초점을 맞춥니다. "그러므로 너희가 그리스도와 함께 다시 살리심을 받았으면 위엣 것을 찾으라. 거기는 그리스도께서 하나님 우편에 앉아 계시느니라. 위엣 것을 생각하고 땅엣 것을 생각지 말라. 이는 너희가 죽었고, 너희 생명이 그리스도와 함께 하나님 안에 감추었음이니라"(골로새서 3:1-3).

위엣 것에다 마음과 생각을 고정시키십시오. 시야를 고정시키십시오.

경건의 시간은 '새로운 신분을 확인하는' 시간이다

두 세상에서 살다 보면 정체성의 위기에 빠질 수가 있습니다. 당신의 신분이 무엇이며 당신이 누구인지를 누가 말해 줄 수 있습니까? 당신이 누구인지를 세상의 반응을 통해 알려고 하는 것은 옳지 않습니다. 세상은 그릇된 정보를 제공하기 때문입니다. 당신의 가치나 존재 의미를 알기 위해 사람들을 의지하지 마십시오. 사람들은 그럴 만한 자격이 없습니다. 당신을 창조하시고 구속하신 하나님만이 당신이 누구이며 왜 여기에 있으며 어디로 가고 있는지 말해 주실 수 있습니다.

'마이 페어 레이디(My Fair Lady)'라는 영화에서, 천박한 말로 꽃을 팔던 초라한 소녀 일라이자 둘리틀은 아름답고 세련된 숙녀로 변화됩니다. 많은 소설과 영화의 근간을 이루는 아이디어는, 개구리처럼 보이는 우리 속에 왕자가 숨어 있다는 것입니다. 개구리가 왕자가 됩니다. 그런 아이디어에 우리가 호감을 갖는 것은 아마 사실에 근거하고 있기 때문일 것입니다. 성경은 당신이 그리스도 안에서 새로운 피조물이 되었다고 가르칩니다(고린도후서 5:17 참조). '새로 지음받은 당신'은 무슨 노래를 흥얼거리면서 나타나거나, 공주가 입을 한 번 맞추면 갑작스럽게 나타나는 것이 아닙니다. 비록 겉으로는 별 차이가 없는 것같이 보일지 모르나, 당신이 그리스도를 영접했을 때 당신 속 깊은 곳에서 진정한 변화가 일어났습니다. 당신은 예수 그리스도를 믿을 때 변화되었고, 다시 완전히 옛날의 당신으로 되돌아가는 것은 불가능합니다.

이 때문에 경건의 시간이 매우 중요합니다. 하나님께서는 유일하게 당신이 누구인지를 말해 줄 수 있는 분입니다. 모태에서 당신을 지으셨고, 예수님 안에서 다시 태어나게 하신 분이기 때문입니다. 육체적 출생이 시작이듯 영적 출생 또한 시작이며, 이를 시점으로 우리는 자라고 배우고 발전을 이룩해 갑니다. 그리스도 안에서 당신은 새로운 신분을 가지고 있습니다. 하나님께서 당신을 택하시고 변화시키셨습니다(요한복음 15:16, 에베소서 1:4 참조). 당신은 이제 하늘나라 시민입니다(빌립보서 3:20 참조). 문제는 이 놀라운 사실들을, 험한 세상을 살아가다가 쉽사리 잊어버린다는 것입니다.

경건의 시간은 '하나님의 사랑을 상기하는' 시간이다

하나님께서는 당신을 사랑하시며(에베소서 2:4 참조), 당신을 위해 선한 계획을 가지고 계십니다(예레미야 29:11 참조). 또한 결코 당신을 버리거나 떠나시지 않으십니다(히브리서 13:5 참조). 이러한 사실을 날마다 상기할 필요가 있습니다. 예수님께서 당신을 대신해 죽으셨다는 사실, 하나님께서 당신과 함께 천국에서 영원히 살고 싶어하신다는 사실, 이런 사실을 깊이 생각해 보십시오. 놀라움을 금치 못할 것입니다.

> 너의 하나님 여호와가 너의 가운데 계시니,
> 그는 구원을 베푸실 전능자시라.
> 그가 너로 인하여 기쁨을 이기지 못하여 하시며,
> 너를 잠잠히 사랑하시며,
> 너로 인하여 즐거이 부르며 기뻐하시리라.
> (스바냐 3:17)

경건의 시간은 '우리의 창조 목적을 이루는' 시간이다

당신은 하나님과의 교제를 위해 창조되었습니다. '구원'이라는 말과 '복'이라는 말이 성경 여기저기에 나오는데, 당신이 예수 그리스도를 믿음으로 누리게 된 좋은 것들에 대한 약속과 더불어 나옵니다. 당신은 복을 누리며 풍성한 삶을 살도록 창조되었습니다. 풍성한 삶은 하나님과의 교제를 떠나서는 누릴 수 없습니다. 다윗의 말대로입니다. "주께서 생명의 길로 내게 보이시리니, 주의 앞에는 기쁨이 충만하고, 주의 우편에는 영원한 즐거움이 있나이다"(시편 16:11).

경건의 시간은 '하나님을 알아 가는' 시간이다

다메섹으로 가다가 예수 그리스도를 만났을 때, 바울은 "주여, 뉘시니이까?"라고 물었습니다. 얼마나 중요한 질문인지 모릅니다. 주님만이 답변하실 수 있는 질문입니다. 하나님께서는 보이지 않으시고, 영원하시고, 광대하시고, 거룩하시기 때문에, 우리가 하나님을 알려면 하나님께서 자신에 대해 성경에 계시하신 것을 살펴볼 수밖에 없습니다. 하나님에 대한 개념은 하나님께서 자신에 관해 하신 말씀에 따라 형성되어야지, 그렇지 않으면 우리 생각에 따라 신(神)을 만들게 됩니다. 그렇게 만든 신은 나무나 돌에 새겨 만든 우상과 다를 바 없습니다. A. W. 토저는 이렇게 썼습니다.

> 하나님에 대한 개념이 잘못되어 있거나 부적절하면서 도덕적으로 건전한 삶을 살고 내적 태도를 바르게 유지하는 것은 불가능하다. 삶에 영적 능력을 회복하려면 마땅히 하나님을 참 모습에 더 가깝게 생각해야 한다.

경건의 시간은 '하나님과 친밀함을 발전시키는' 시간이다

하나님께서는 날마다 캘리포니아의 실업가 샘을 위해 "주여, 뉘시니이까?"라는 질문에 답하십니다. 샘의 아버지는 그가 겨우 아홉 살 때 세상을 떠났지만, 아버지에 대한 샘의 기억은 또렷했습니다. 샘의 침대 곁에는 그의 아버지가 아홉 달 된 샘을 품에 안고 어르고 있는 사진이 놓여 있습니다. 그 사진이 아버지와 아들 사이의 친밀감을 샘에게 보여 주듯이, 경건의 시간은 샘의 머리 속에 아버지 되신 하나님의 정확한 그림을 그리도록 도와줍니다. 샘은 아버지 되신 하나님에 관한 정보를 모으고 있지 않습니다. 그는 하늘에 계신 아버지의 손을 잡고 인생길을 걸어가는 것을 배우고 있습니다. 기도를 시작할 때 "하나님 아버지"라고 말하는 것과 실제로 하나님을 아버지로서 경험하는 것은 별개입니다. 필요한 것을 공급해 주고, 보호해 주고, 위로해 주고, 교훈해 주고, 훈련해 주고, 밤에는 이불을 덮어 주는 아버지로서 경험하는 것 말입니다.

샘처럼 조이스도 매우 개인적으로 하나님을 경험해 왔습니다. 아침에 일어나면 조이스는 부엌에 가서 커피를 끓입니다. 끓기를 기다리는 동안 새한테 모이를 줍니다. 그러고 나서, 커피를 들고 자기 방에 가서 좋아하는 의자에 앉습니다. 탁자에는 여러 가지 번역의 성경이 준비되어 있고, 아울러 매일의 경건의 시간에 도움이 되는 신앙 서적도 하나 놓여 있습니다. 그 책은 첫 출간된 지 100년이나 되었는데, 선별된 성경 구절들이 아무 주석 없이 실려 있습니다. 조이스는 성경 말씀을 읽고, 기도를 하며, 떠오르는 생각을 간직하기 위해 기록도 합니다.

어느 날 아침이었습니다. 조이스는 하나님과 시간을 갖고 있는데, 자신이 아무 가치 없는 존재라는 느낌에 휩싸였습니다. 극심한 정신적 충격을 겪은 적이 있는 사람들에게 종종 재발하는 증상이었습니다. 근거 없는 심한 죄의식에 사로잡히고, 슬픔과 무력감이 그를 짓눌렀습니다. 하도 정신적으로 힘이 들어 하나님께 도움을 요청할 수나 있을까 하는 생각이 들었습니다. 그러나 하나님과 만나는 것은 그의 삶 속에 깊이 뿌리를 내린 습관이었습니다. 그는 죄의식이 홍수처럼 몰려올 때 어디로 피해야 하는지 알고 있었습니다. 오랫동안 사용해 왔던 그 신앙 서적을 읽기로 했습니다. 그날 읽을 부분을 펼치려고 하는데, 전날 읽은 부분을 다시 읽고 싶은 생각이 강하게 들었습니다. 그 부분을 펴자, "여자여, 너를 고소하던 그들이 어디 있느냐?"(요한복음 8:10)라는 구절에 시선이 멈추었습니다. 이 친밀하고 개인적인 말씀을 통해 주님께서는 그의 깊은 필요에 대해 말씀해 주셨고, 죄책감에서 벗어나게 해주셨습니다.

'당신과 하나님이 함께하는 삶'을 하나의 천이라고 치면, 그 천에 당신은 매일의 경건의 시간에 또 다른 실을 엮어넣을 수 있습니다. 실이란 당신의 필요나 관심사나 꿈 등입니다. 실을 베틀로 가져가십시오. 그 실로 하나님께서는 '당신과 함께하는 삶'이라는 아름다운 천을 짜나가십니다. 짐 다우닝의 말처럼, "우리가 하나님을 얼마나 잘 아느냐는 하나님과 함께한 경험의 회수와 깊이에 정비례합니다."

경건의 시간은 '주님을 보고 변화되는' 시간이다

경건의 시간을 생각할 때면 하나님께서 우리가 예수 그리스도의 형상을 닮도록 하셨다는 사실이 떠오릅니다(로마서 8:29 참조). 당신은 변화될 수 있을 뿐 아니라 변화되어야 합니다. 사실, '회심'한 이래 달라진 것이 없다면, 어쩌면 아직도 진정으로 예수님을 믿지 않고 있을 것입니다. 예수님을 믿으면 모든 삶이 변합니다. 삶의 변화는 주님을 만났다는 증거입니다. 이러한 변화가 단번에 일어나지는 않습니다. 한 번도 실패를 경험하지 않고 일어나지도 않습니다. 그러나 진정한 변화는 주님과 함께 살아가면 반드시 일어나게 마련입니다.

그러한 변화는 우리가 주의 깊게 주님을 살펴보고 주님의 형상을 본받을 때 일어납니다. "우리가 다 수건을 벗은 얼굴로 거울을 보는 것같이 주의 영광을 보매, 저와 같은 형상으로 화하여 영광으로 영광에 이르니, 곧 주의 영으로 말미암음이니라"(고린도후서 3:18). 변화는 또한 의식적으로 주님의 가르침에 순종할 때 일어납니다. 주님께서 뜻을 보여 주시면 실행하도록 하십시오. 12세기 사람인 버나드는 이렇게 말했습니다.

> 주님의 얼굴이 보이는 것은 아니다. 그런데도 그 얼굴은 우리를 빚어 간다. 우리 육신의 눈에 번쩍 띄는 외적 아름다움에 의해서가 아니라, 그 얼굴이 우리 마음속에 불러일으키는 사랑과 기쁨에 의해서다.

경건의 시간은 '옛 사람을 벗고 새 사람을 입는' 시간이다
하나님께서는 옛 사람을 벗어버리고 새 사람을 입으라고 하셨습니다(에베소서 4:22-24 참조). 이것은 마치 옷을 갈아입는 것 같은 하나의 과정이며, 영적인 면에서 이러한 과정을 되풀이하여 밟아야 합니다. 경건의 시간에, 당신은 오래 전에 벗어버렸다고 생각한 누더기를 다시 걸치고 있는 것을 종종 발견할 것입니다. 이전에 벗어버렸던 태도를 다시 입고 있거나 그리스도를 따르는 새로운 삶에 맞지 않은 어떤 것에 빠져들었을 때, 하나님께서는 이를 알게 해주십니다. 주님과 매일 만나는 시간은, 오래되고 낡고 때 묻은 삶을 재빨리 벗어버리고 그리스도 안에 있는 정결한 삶을 다시 입도록 도와줍니다.

경건의 시간은 '함께 식사하며 교제하는' 시간이다

주님과의 교제는 영혼을 위한 음식과 같아서, 영혼의 건강과 만족을 위해 필요합니다. 제목에 "영혼"이라는 말이 들어간 책들이 최근에 불티나게 팔렸습니다. 사람들은 자신의 내면 깊숙한 곳에 영향을 줄 만한 것들에 굶주려 있습니다. 그러나 영혼을 건강하게 해준다고 약속해 놓고서는 독자들을 예수님과 그 말씀으로 나아가게 하지 않으면, 그 약속은 지켜질 수 없습니다. 하나님께서는 이사야 선지자를 통해 훈계하시면서 백성들을 자신께로 초청하십니다. "너희가 어찌하여 양식 아닌 것을 위하여 은을 달아 주며, 배부르게 못할 것을 위하여 수고하느냐? 나를 청종하라. 그리하면 너희가 좋은 것을 먹을 것이며, 너희 마음이 기름진 것으로 즐거움을 얻으리라. 너희는 귀를 기울이고 내게 나아와 들으라. 그리하면 너희 영혼이 살리라. 내가 너희에게 영원한 언약을 세우리니, 곧 다윗에게 허락한 확실한 은혜니라"(이사야 55:2-3).

  친구들과 함께 잘 차려진 맛있는 음식을 먹는 것은 삶에서 누리는 큰 즐거움 가운데 하나입니다. 좋은 친구와 함께 맛있는 음식을 먹는 즐거움. 하나님께서는 이러한 즐거움을 우리 영혼이 맛보기 원하십니다. 경건의 시간은 하나님께서 차려 놓으신 맛있고 영양가 많은 음식을 하나님과 더불어 먹으면서 함께 교제를 나누는 것입니다. 하나님께서는 자신에게 나아와 귀를 기울이라고 하시면서, "그리하면 너희 마음이 기름진 것으로 즐거움을 얻으리라"라고 하십니다. 마음속 깊은 곳에서 기쁨을 경험하려면 하나님의 말씀을 들어야 합니다. 예레미야는 "내가 주의 말씀을 얻어먹었사오니, 주의 말씀은 내게 기쁨과 내 마음의 즐거움이오나"(예레미야 15:16)라고 고백했는데, 이는 조금도 이상한 일이 아닙니다. 기억하십시오. 사람은 떡으로만 사는 것이 아닙니다.

경건의 시간은 '말씀에 귀 기울이는' 시간이다

경건의 시간은 하나님과 만나기로 예정된 시간으로서, 바삐 움직이던 당신의 속도를 늦추고, 잠시 멈추며, 쉴 새 없이 재잘거리던 입을 다물고 있는 시간입니다. 그 시간은 하나님의 조용한 음성을 들을 수 있을 정도의 길이는 되어야 합니다. 당신이 조용히 있을 때, 말씀하실 수 있는 기회와 아픈 질문을 하실 수 있는 기회가 하나님께 주어집니다. 예를 들어 보겠습니다. 당신은 성경의 진리를 알고 있는 것을 그 진리에 순종하고 있는 것으로 착각하는 때가 더러 있습니다. '알고 있는 것'이 '순종하고 있는 것'은 아닙니다. 당신은 겸손에 관한 책을 읽을 수도 있고, 겸손에 대해 성경공부를 할 수도 있으며, 겸손에 대한 질문에 대답할 수도 있고, 심지어 겸손에 대해 설교까지 할 수 있어도, 여전히 겸손하지 않을 수 있습니다. 잠깐! 조용히 하고 하나님께 귀를 기울여 보십시오. 당신 삶 속에 있는 교만을 드러내시도록 하나님께 기회를 드리십시오. 경건의 시간은 하나님의 말씀에 귀를 기울이고 잘못된 것을 고치는 기회입니다.

경건의 시간은 '초점을 다시 맞추는' 시간이다

경건의 시간을 가지면 핵심에서 벗어난 주변적인 일에 삶을 허비하지 않게 됩니다. 바쁘게 사는 것을 칭찬하고 장려하는 문화 속에 우리가 살고 있는데, 경건의 시간은 날마다 정말로 중요한 것에 초점을 맞추게 해줍니다. 그 시간에 하나님께서는 자신과 당신의 관계가 가장 중요하다는 사실을 상기시켜 주십니다. 그 관계에 비하면 다른 것은 모두 부차적인 것입니다. 하나님과 더불어 시간을 가질 때, 안개는 걷히고 가치관은 명료해집니다. 다시 하나님과 사람들을 사랑하는 삶을 삽니다. 중요한 일이 분명하게 드러나고, 부차적인 것은 다시 뒤쪽으로 물러납니다. 바쁘면 바쁠수록 더 절실하게 필요한 것은 당신 자신을 새롭게 하는 시간이요 한숨을 돌리는 시간입니다.

경건의 시간은 '회개하고 기뻐하는' 시간이다

끊임없이 하나님께서는 당신을 예리하게 찌르심으로 삶 속의 죄를 깨닫게 하시며 그 죄에 대해 어떤 조치를 취하게 하십니다. 이러한 고통스러운 '찔림'을 느낄 때 당신은 각성하게 됩니다. '찔림'을 느끼는 것은 주님의 은혜이며, 이 '찔림'을 통해 당신은 죄를 슬퍼하고 그 죄에서 벗어나기 위해 행동을 취하게 됩니다. 당신이 죄를 직시하고 이를 다룰 때마다 하나님께서는 당신에게 자신의 사랑을 확신시켜 주십니다. '찔림'은 당신의 죄를 다른 사람들과만 관련지어서 보지 않고 하나님과도 관련지어서 보게 합니다. 하나님께서 찌르시면 참된 회개로 나아갑니다.

경건의 시간의 유익   73

> 하나님의 말씀은 살았고 운동력이 있어 좌우에 날선 어떤 검보다도 예리하여, 혼과 영과 및 관절과 골수를 찔러 쪼개기까지 하며, 또 마음의 생각과 뜻을 감찰하나니.(히브리서 4:12)

경건의 시간에 하나님께서는 당신의 죄를 깨닫게 하시며 소망을 주십니다. 사탄은 믿는 자들을 참소합니다(요한계시록 12:10 참조). 사탄은 당신의 죄를 지적할 때 좌절감을 느끼게 합니다. 그리스도 안에서 당신은 자신의 죄를 깨닫고, 이를 뉘우치며 슬퍼하고, 죄에서 회개하고, 용서를 받고 기뻐합니다. 죄-찔림-뉘우침-회개-기쁨! 이렇게 이어져야 합니다.

경건의 시간은 '치유하는' 시간이다

인간은 '상처를 안고 사는 존재'라고 합니다. 우리 모두는 상처를 입을 때가 있으며, 하나님의 치료하시는 손길을 필요로 합니다. 다윗 왕은 고통과 혼돈과 고뇌를 느낄 때 하나님의 존전으로 나아갔습니다. 사무엘하 12장에서, 하나님께서는 다윗에게 사람을 보내어 그의 어린 아들이 죽게 될 것이라고 하셨습니다. 밧세바와의 간음을 통해 얻은 아들이었습니다. 다윗은 심한 고뇌를 느끼는 가운데 금식하면서 기도했습니다. 이레 동안 땅에 엎드려 그 아이를 살려 달라고 하나님께 기도했습니다. 그러나 그 아이가 죽자 주위 사람들은 이상한 일을 목격했습니다. 다윗 왕은 벌떡 일어나더니 몸을 씻고 옷을 갈아입고 하나님께 경배했으며,

음식도 먹고 아내를 위로하기까지 하는 것이었습니다.
　이것을 본 사람들이 깜짝 놀라서 물어 보았습니다. "아이가 살았을 때에는 위하여 금식하고 우시더니 죽은 후에는 일어나서 잡수시니 어찜이니이까?"
　하나님의 치유하는 능력 때문이었습니다. 하나님의 존전에 나아가 있을 때, 다윗은 죄를 용서받았습니다. 그리고 자기 아들의 죽음에 대해 영원한 시야를 갖게 되었습니다. 그는 믿음을 견고히 했으며, 그리하여 상실의 고통 속에서도 하나님을 신뢰할 수 있었습니다. 하나님의 은혜와 위로와 능력을 경험한 그는 슬퍼하는 아내를 위로할 수 있었습니다.
　내 친구들 가운데는 딸이 자살한 사람, 아들이 살해된 사람, 신체적 학대를 경험한 사람이 있는가 하면, 십대인 아들이 암으로 죽은 사람도 있습니다. 극심한 괴로움을 주는 상처는 쉬운 해결책이나 상투적인 수단으로는 치유되지 않습니다. 내 친구들의 경우, 하나님의 존전에서 치유를 위한 지속적인 과정이 시작되었고 지금도 진행되고 있습니다.

경건의 시간은 '평안과 전망을 얻는' 시간이다
하나님과 더불어 시간을 보낼 때, 하나님께서는 당신의 삶에 대해 새로운 시야를 갖게 해주십니다. 하나님께서는 당신이 눈을 들어 환경이 아니라 하나님 자신과 자신의 약속과 지혜와 판단력과 능력을 바라보게 하십니다. 이땅에서 사는 삶에 시련은 있게 마련입니다. 그러나 예수님께서는 세상을 이기셨습니다(요한복음 16:33 참조).

몇 년 전의 일인데, 연달아 몇 차례에 걸쳐 우리 집에 도둑이 든 적이 있습니다. 하나님과 시간을 가질 때, 하나님께서는 자신의 성품과 능력에 비추어 그 불안한 상황을 바라볼 수 있게 해주셨습니다. 하나님의 사랑과 능력과 절대 주권이라는 따뜻한 빛줄기 아래서 그 도난 사건을 곰곰 생각해 볼 때, 나는 평안하게 하나님께 굴복할 수 있었습니다. 하나님은 신뢰할 수 있습니다. 나는 이 사실을 알고 있었습니다. (이 상황에서 내게 평안을 주었던 경건의 시간의 내용이 부록에 소개되어 있습니다.)

경건의 시간은 '소망을 회복하는' 시간이다

단은 보기에만 건강해 보일 뿐, 요 몇 년 동안 여러 차례 병을 앓았습니다. 병을 앓으면서도 단은 하나님을 신뢰했습니다. 그는 이렇게 썼습니다. "경건의 시간을 잘 갖고 있다면, 우리는 위기보다는 소망을 느끼면서 하나님께 나아가게 됩니다. 경건의 시간은 균형 잡힌 시야를 갖게 해줄 뿐 아니라 소망도 갖게 해줍니다. 그 소망은 날마다 새로워지지요. 하나님께서는 다 알고 계시며 우리를 보살피고 계시기 때문입니다." 옳은 말입니다. 소망이라는 축복은 가꾸어야만 누릴 수 있습니다. 크신 하나님과 정기적으로 만나면 힘든 시기를 극복할 수 있는 힘과 용기를 얻습니다.

경건의 시간은 '단 하나의 영속적 관계를 누리는' 시간이다

요즘은 결혼 서약을 했다고 결혼 생활의 행복이나 영속성이 보장되지는 않습니다. 많은 사람들이 배우자에게 성실하겠다고 서약해 놓고서는 그 서약을 저버립니다. 사업상의 계약은 합법적인 방법으로 효력이 상실될 수 있습니다. 부모들은 마땅히 자녀들을 사랑해야 하나 사랑하기를 거부하며, 돌보아야 할 자녀들을 소홀히 하거나 학대하기까지 합니다. 이 세상은 불안정하고 불확실한 곳입니다. 만약 사람이나 사회 구조나 법률 제도를 발판으로 여기고 신뢰하다가는 그 발판이 내려앉는 것을 보게 될 것입니다. 이는 피할 수가 없는 일입니다. 심지어 어떤 사람과 훌륭하고 경건한 관계 가운데 사는 축복을 받았다고 해도, 상대방이 먼저 이 세상을 떠나면 더 이상 그런 관계를 누리지 못합니다. 그 어떤 사람도 그 어떤 것도 언제나 당신 곁에 있지는 못합니다. 하나님만이 언제나 당신과 함께하실 수 있습니다.

경건의 시간은 '질문하는' 시간이다

빌은 질문이 있었습니다. 많았습니다. 병으로 오랫동안 고생하면서 빌은 기도했습니다. "하나님, 이 병을 통해 제가 무엇을 배우기 원하십니까? 이 고통의 목적이 무엇입니까? 제가 어떻게 하기를 원하십니까?" 그는 목사님과 친구들에게 묻기도 했지만 특히 하나님께 물었습니다. 빌의 추도식에 온 사람들은 그가 고통 속에서 하나님께 묻고 하나님을 찾던 것을 회고했습니다.

하나님께 질문을 가지고 나가는 사람들이 또 있습니다.

- 베스 : "자매들 간에 경쟁심이 있는데, 이를 어떻게 다루면 좋죠?"

- 조안나 : "온전한 마음을 갖고 싶어요. 그것은 구체적으로 어떤 마음입니까?"
- 케빈 : "고용주와 고용인의 관계에 대해 성경에서 어떻게 가르치고 있습니까?"

경건의 시간에는 질문을 해도 됩니다. 하나님께서는 환경을 통해 당신과의 관계에 깊이를 더하기 원하십니다. 하나님께서 원하시는 것은, 당신의 질문과 갈등으로 말미암아 당신이 하나님께로 나아가게 되는 것입니다. 어떤 일을 겪고 있습니까? 삶에서 어떤 의문이 있습니까? 기도해 보십시오. "내 눈을 열어서 주의 법의 기이한 것을 보게 하소서"(시편 119:18)라고 말입니다. 하나님께서는 기쁨으로 이 기도에 응답하십니다. 물었으면, 기대하는 마음으로 귀를 기울여 보십시오. 하나님 앞에서 성경을 읽으면서 성령의 음성에 귀를 기울여 보십시오.

성경을 읽을 때 질문이 떠오르기도 합니다. "거한다는 것은 어떤 의미이지?" "어떻게 하면 은혜 안에서 자라 가지?" 예수님께서는 다음과 같이 약속하셨습니다. "구하라 그러면 너희에게 주실 것이요, 찾으라 그러면 찾을 것이요, 문을 두드리라 그러면 너희에게 열릴 것이니, 구하는 이마다 얻을 것이요, 찾는 이가 찾을 것이요, 두드리는 이에게 열릴 것이니라"(마태복음 7:7-8).

주님께 질문했던 예 하나를 소개합니다. 예수님께서는 바닷가에 모인 사람들에게 비유 하나를 말씀해 주셨습니다. (비유란 간결한 이야기로서 명확한 요점이 있습니다. 그리고 짧고 기억하기 쉽지만 의미가 확 드러나지는 않습니다.) 예수님의 말씀을 자주 들었던 제자들까지도 비유의 요지를 파악하지 못하는 경우가 많았습니다. 제자들은 이해력이 특별하게 뛰어나지는 않았지만 적극적으로 배우려는 태도가 있었습니다. 비유의 의미가 파악되지 않자 제자들은 무리들이 떠나고 나서 예수님께 비유의 의미를 물었습니다. 예수님께서는 "하나님 나라의 비밀을 너희에게는 주었다"고 하시면서(마가복음 4:11 참조), 쉬운 말로 비유의 의미를 설명해 주셨습니다. 영적인 진리는 알고자 하는 사람들이 깨닫게 됩니다. 구하고, 찾고, 두드리는 데는 시간과 노력과 끈기가 필요합니다. 제자들도 주님께 묻고 나서는 답변해 주실 때까지 주님 곁에서 끈기 있게 기다릴 필요가 있었습니다.

위와 같은 방법으로 경건의 시간을 가져 보십시오. 한적한 곳으로 가서 하나님께 물어 보십시오. 삶에서 일어나는 일에 대해서일 수도 있고, 하나님의 말씀에 대해서일 수도 있습니다. 구하고, 찾고, 두드리십시오. 그리고 하나님 곁에서 기다리면서 귀를 기울여 보십시오 한 번에 답을 다 해주지는 않으실지도 모릅니다. 이해하려고 하나님께 나아가 도움을 구하는 것 자체가 하나님을 기쁘시게 합니다.

❦

경건의 시간에 어떤 유익점들이 있는지 이제는 이해했으리라 생각합니다. 계속 더 열거할 수 있습니다. 사실 경건의 시간의 유익은 하도 많아서 여기서 다 소개할 수가 없을 정도입니다. 나그네로 살아가면서 곁길로 벗어나지 않고 하나님과 연합된 삶을 살고자 하면, 계획을 세워 정기적으로 하나님과 단둘이 시간을 갖는 것만큼 좋은 게 없습니다. 삶에서 시간을 확보해서 날마다 하나님과 단둘이 인격적 교제를 나누십시오.

요 약

경건의 시간은 영적 나그네들이 하나님과 하나님 나라에 시선을 고정하도록 도와주며, 두 세상에 걸쳐 살면서 이 세상에서 하나님의 나라를 위해 살도록 도와줍니다. 이 순례자들은, '보이지 않으나 참된 나라'와 계속 긴밀한 접촉을 유지해야 이 세상에 빠져들지 않습니다. 최고의 기쁨은 지속적으로 하나님을 만날 때 맛보게 됩니다. 우리는 이러한 기쁨을 맛보도록 창조되었습니다.

개인 적용을 위한 도움말

- 소개한 방법 가운데 하나를 골라서 그 방법에 따라 지속적으로 하나님과 만나는 시간을 가지십시오. 새로운 아이디어를 도입하기 위해 방법을 조정할 필요가 있을지도 모릅니다.
- 매일의 경건의 시간에 '구하고, 찾고, 두드리도록' 하십시오. 말이나 글로 의문점이나 관심사에 대해 하나님

께 여쭤 보십시오. 그 다음에는 제자들처럼 끈기 있게 기다리십시오. 기대하는 마음으로 하나님께 귀를 기울이십시오.
- 하나님의 답변을 듣는 데 깨어 있으십시오. 답변은 일정 기간에 걸쳐 한 겹씩 벗겨지듯이 올 때가 많습니다. 계속 깨어 있고 관심을 기울이십시오. 답변이 올 때마다 기록하십시오.
- 답변 하나하나에 대해 꼭 하나님께 감사드리십시오.

묵상과 토의를 위한 질문

1. 경건의 시간의 유익을 열거합니다. 당신에게 가장 의미 깊은 것은 어느 것입니까? 당신의 필요나 경험을 설명해 보십시오.

   - ☐ 경건의 시간은 '세상 영향에서 벗어나는' 시간이다.
   - ☐ 경건의 시간은 '마음을 새롭게 하는' 시간이다.
   - ☐ 경건의 시간은 '초점을 고정시키는' 시간이다.
   - ☐ 경건의 시간은 '새로운 신분을 확인하는' 시간이다.
   - ☐ 경건의 시간은 '하나님의 사랑을 상기하는' 시간이다.
   - ☐ 경건의 시간은 '우리의 창조 목적을 이루는' 시간이다.
   - ☐ 경건의 시간은 '하나님을 알아 가는' 시간이다.
   - ☐ 경건의 시간은 '하나님과 친밀함을 발전시키는' 시

간이다.
- ☐ 경건의 시간은 '주님을 보고 변화되는' 시간이다.
- ☐ 경건의 시간은 '옛 사람을 벗고 새 사람을 입는' 시간이다.
- ☐ 경건의 시간은 '함께 식사하며 교제하는' 시간이다.
- ☐ 경건의 시간은 '말씀에 귀 기울이는' 시간이다.
- ☐ 경건의 시간은 '초점을 다시 맞추는' 시간이다.
- ☐ 경건의 시간은 '회개하고 기뻐하는' 시간이다.
- ☐ 경건의 시간은 '치유하는' 시간이다.
- ☐ 경건의 시간은 '평안과 전망을 얻는' 시간이다.
- ☐ 경건의 시간은 '소망을 회복하는' 시간이다.
- ☐ 경건의 시간은 '단 하나의 영속적 관계를 누리는' 시간이다.
- ☐ 경건의 시간은 '질문하는' 시간이다.

2. 당신은 외국인과 나그네입니다. 이 사실을 아는 것이 매일 하나님과 만나고자 하는 당신의 결심을 더 굳게 합니까? 왜 그렇습니까?

3. 이번 주에 '구하고, 찾고, 두드리게' 했던 당신의 필요나 문제는 무엇입니까? 이를 통해 얻은 것은 무엇입니까?

4. 짐 다우닝은 "우리가 하나님을 얼마나 잘 아느냐는 하나님과 함께한 경험의 회수와 깊이에 정비례합니다"라고 말했습니다. 이번 주에 어떻게 경건의 시간이 하나님과의 친밀감을 더 깊게 했습니까?

5. 지난주 경건의 시간에 기록한 것을 죽 훑어보십시오. 하나를 골라서 더 깊이 생각하고, 그룹에서나 친구와 나누도록 하십시오.

제 4 장
시간 확보

영국 여왕, 마이클 조던, 세계에서 가장 유명한 과학자, 올림픽 금메달리스트, 가장 악명 높은 범죄자, 그리고 모든 우주 비행사와 당신이 똑같이 가지고 있는 것이 있습니다. 모두가 하루에 사용할 수 있는 시간이 24시간입니다. 당신은 그 시간을 유용하게 사용하여 어디에 투자할 수도 있고 허비해 버릴 수도 있습니다. 시간에 관한 한 만인은 평등합니다. 하루 동안 가지고 있는 시간은 인종적, 문화적, 경제적, 연령적 차이와 관계없이 누구나 똑같습니다. 하나님께서는 당신에게 시간이라는 선물을 주셨으며, 당신을 그 시간의 위탁 관리인으로 삼으셨습니다.

퓰리처상을 수상한 애니 딜러드는 이렇게 썼습니다. "그러면 나는 이 아침에 무엇을 해야 하는가? 물론, 어떻게 하루를 보내는가에 따라 어떻게 일생을 보내는가가 결정된다. 우리가 이 시간과 저 시간으로 하는 것이 바로 우리가 하고 있는 일이다. 스케줄은 무질서하거나 마음 내키는 대로 살지 않게 해준다. 스케줄은 '그물'과 같아서, 그것으로 하루하루를 잡는다. 또한 스케줄은 건축 공사장의 비계와도 같아서, 그 위에 서서 시간마다 두 손을 다 써서 일할 수 있다. 스케줄은 이성(理性)과 질서를 토대로 만든 실물 모형이다. 계획하고, 행하고, 이루어지게 한다. 스케줄은 시간의 난파를 피하여 평화와 안식을 누리는 곳이다. 스케줄은 구명보트로서 수십 년 후에도 당신은 여전히 그 위에 머무르고 있을 것이다. 하루하루는 똑같다. 그래서 당신은 스케줄이란 것이 결점은 있어도 강력한 도구였다고 훗날 기억하게 된다."

어떻게 하루하루를 사용하겠습니까? 어떤 패턴으로 살겠습니까? 시간은 한정되어 있습니다. 하루에 24시간밖에 없습니다. 그 한정된 시간을 사용하여 당신은 할 것을 해야 합니다. 시간은 늘어나지 않습니다. 결국 선택을 할 수밖에 없습니다. 어떤 것을 위하여 어떤 것을 포기해야 하는 것입니다.

관계는 선택 위에 세워진다

결혼 생활 초기에 남편은 두 가지 결단을 내렸는데, 그것이 우리 두 사람의 관계를 더 견고하게 해주었습니다. 첫째, 그는 나와 데이트하는 저녁을 일정표에 올렸습니다. 데이트를 하기 위해 확고한 태도를 갖는 것 자체가 우리의 관계가 그에게 중요하다는 것을 나에게 보여 주었습니다. 그는 주마다 주간 일정표의 한 칸에 내 이름을 적어 넣었는데, 이는 많고 많은 행사와 과제와 우리 주위에 몰려오는 사람들 속에서 '우리'를 잃어버리지 않도록 하기 위해서였습니다. 이런 결단을 하기 전에는, 우리 둘이서 보내기로 한 시간을 차지하려고 다른 일들이 몰려오는 경우가 한두 번이 아니었습니다.

둘째, 남편은 우리가 데이트하는 시간을 아주 중요하게 여기기로 마음먹었습니다. 데이트 시간을 일정표에 넣고 나서 처음으로 데이트할 날이 되었는데, 그 데이트가 위협을 받았습니다. 전화가 걸려 왔기 때문이었는데, 그런 일은 흔한 일이라 놀랍지도 않았습니다. 한 젊은이가 자신의 문제를 상의하기 위해 남편을 만나고 싶다는 전화였습니다. 하지만 남편은 전화로 그의 상황을 알아 본 후, "오늘 저녁에는 약속이 있네. 내일 아침에 함께 식사를 하며 이야기를 나누도록 하세"라고 했습니다. 남편의 결정은 그 어떤 말보다도 더 확실하게 우리 관계가 그에게 중요하다는 것을 말해 주었습니다. 나와 데이트하는 것은 목사님이나 국회의원이나 의사와 하는 약속만큼이나 어길 수가 없는 것이었습니다.

우리가 하는 선택은 우리 자신에 대해서도, 무엇이 우리에게 중요한가에 대해서도, 많은 것을 말해 줍니다. 우리의 선택은 우리가 실제로 무엇을 중요하게 여기는지를 드러내며, 자신도 모르는 가운데 자신의 실상을 알리는 경우가 한두 번이 아닙니다. 우리가 하는 선택은 우리의 가치관을 가장 잘 보여 줍니다.

마리아의 훌륭한 선택

어떻게 하면 예수님께서 엄지손가락을 세워 보이시며 "잘 선택했어!"라고 말씀하실까요? 어떤 선택을 해야 반기실까요? 예수님께서 마리아를 칭찬하신 내용을 한번 살펴보십시오.

> 저희가 길 갈 때에 예수께서 한 촌에 들어가시매, 마르다라 이름하는 한 여자가 자기 집으로 영접하더라. 그에게 마리아라 하는 동생이 있어 주의 발 아래 앉아 그의 말씀을 듣더니, 마르다는 준비하는 일이 많아 마음이 분주한지라, 예수께 나아가 가로되, "주여, 내 동생이 나 혼자 일하게 두는 것을 생각지 아니하시나이까? 저를 명하사 나를 도와주라 하소서."
>
> 주께서 대답하여 가라사대, "마르다야, 마르다야, 네가 많은 일로 염려하고 근심하나, 그러나 몇 가지만 하든지 혹 한 가지만이라도 족하니라. 마리아는 이 좋은 편을 택하였으니 빼앗기지 아니하리라" 하시니라. (누가복음 10:38-42)

예수님께서 마르다의 집에 손님으로 오셨습니다. 마르다가 온갖 준비를 하느라 바쁠 때, 동생인 마리아는 예수님의 발아래 앉아 예수님의 말씀에 귀를 기울이고 있었습니다. 마르다가 일은 자기가 다 하고 마리아는 가만히 앉아 있기만 한다고 불평을 하자, 예수님께서는 이렇게 말씀하셨습니다. "몇 가지만 하든지 혹 한 가지만이라도 족하니라. 마리아는 이 좋은 편을 택하였으니 빼앗기지 아니하리라."

예수님께서는 마리아의 선택을 칭찬하셨습니다. 예수님과 교제하기 위해 시간을 내기로 한 선택 말입니다. 무엇이 가장 좋은 선택이었습니까? "좋은 편"이라는 말의 헬라어 원어는 "식탁 위의 가장 좋은 요리"를 뜻합니다. 예수님께서는 온갖 맛있는 음식이 먹음직스럽게 진열된 기다란 뷔페 식탁을 비유로 사용하십니다. 예수님의 말씀은, 마리아가 예수님의 발아래 앉기로 한 것은 가장 좋은 요리를 선택한 것이라는 의미입니다. 왜 예수님께서는 음식을 비유로 사용하셨을까요? 우리가 선택할 수 있는 것은 많지만, 주님과의 관계야말로 우리 자신의 가장 깊은 필요를 채워 주는 유일한 음식임을 깨닫기 원해서였을 것입니다. 주님과의 교제만이 우리 영혼에 영양분을 공급합니다.

마리아에게도, 마르다에게도, 우리에게도, 늘 다른 일들이 있게 마련입니다. 주님과의 친교를 발전시키는 것 대신에 할 수 있는 일입니다. 그런 일도 좋은 일입니다. 유익한 일입니다. 도움이 되는 일입니다. 눈길을 끄는 다른 '요리'가 늘 있습니다. 하지만 예수님께서는 "한 가지만이라도 족하다"고 하십니다. 어떤 번역본에는 "오직 한 가지가 필요하다"고 되어 있습니다. 그렇습니다. 오직 한 가지가 절대적으로 필요한 것입니다.

무엇이 그 '필요한 한 가지'입니까? 주님과의 교제입니다.
무엇이 '식탁 위의 가장 좋은 요리'입니까? 주님과의 교제입니다.

무엇을 예수님께서 칭찬하십니까? 주님과의 친교를 발전시키기 위한 선택을 하는 것입니다. 주님께 귀 기울이는 시간, 주님께 말씀드리는 시간, 우리와 주님의 마음과 생각과 뜻을 하나로 묶어 주는 시간을 갖는 것입니다. 주님께서 보시기에 그보다 더 중요한 것은 없습니다.

선택은 선택으로 이끈다

주님과의 관계를 발전시키기로 선택했으면 또 다른 선택을 해나가는 것이 필요합니다. 에밀리 그리핀은 이렇게 썼습니다. "영적인 삶에는 하나의 기본적인 선택이 따른다. 예수님을 위해 살기로 선택하는 것은 어떤 삶의 스타일을 받아들이는 것, 더 정확하게 말해 어떤 삶의 규칙을 받아들이는 것을 의미한다. 우리는 일련의 영적 습관들을 익히는데, 그 습관들은 하나님께서 우리 삶 가운데서 역사하실 수 있게 길을 연다."

경건의 시간은 하나의 습관이요 관행이며, 하나님과의 관계가 매우 가치가 있기 때문에 하루의 일과로 삼기로 선택한 것입니다. 그리핀이 "삶의 규칙"이라고 할 때, 그 규칙이 뜻하는 바는 율법적인 "할 일 목록"에 있는 것과 같은 규칙이 아닙니다. 규칙이란 어떤 식으로 살겠다고 신중하고도 의도적으로 내린 결단입니다. 내 이름을 일정표에 기록하기로 한 남편의 결단이나 예수님의 발아래 앉기로 한 마리아의 결단처럼, 결단은 가치 있는 어떤 것을 습관으로 만들어 줍니다. 결단은 이루어지고, 날마다 재확인됩니다.

이렇게 묻는 사람도 있습니다. "왜 시간을 정해 놓고 하나님을 만나야 합니까? 정말로 마음이 내킬 때 하나님께 나아가는 게 더 낫지 않아요? 그게 더 진실하지 않아요?" 사실을 말하자면, 감정보다는 행동을 다스리기가 더 쉽습니다. 당신의 감정이 당신의 선택을 따라가게 하십시오. 그 반대로 하지 마십시오. 흔히 단호한 결단을 하면 감정도 따라가게 마련입니다. 일정한 패턴을 확립해 두면 영적 침체기에도 완전히 무너지지는 않게 됩니다.

실행하는 것이 아주 단순한 선택도 있습니다. 예를 들어 보겠습니다. 스코트는 날마다 아침에는 하나님과 만나고, 저녁에는 치실로 치아 청소를 하기로 했습니다. 그런데 후자와 관련해서는 또 다른 선택이 필요하지는 않습니다. 단지 결심한 대로 하기만 하면 됩니다. 하지만 스코트나 우리나 매일 아침 하나님과 만나기로 선택하면 이와 함께 다른 선택들을 해나가야 합니다. 바로 다음과 같은 것들입니다.

- 경건의 시간을 갖기 위해 아침 5:30에 일어나려면 몇 시에 잠자리에 들어야 하는가?
- 제 시간에 일어나려면 밤늦게는 뉴스를 보지 말아야 할 것인가?
- 샤워와 식사는 경건의 시간 전에 할 것인가? 후에 할 것인가?
- 신문을 펼치거나 라디오나 TV를 켜는 것은 경건의 시간 후로 미루어야 할 것인가?

이차적인 이러한 선택들은 우리를 도와, 하나님과 더불어 시간을 보내고자 하는 결단을 실행에 옮기도록 해줍니다. 그런 여러 선택을 해나가는 것이 가장 가치 있는 것들을 실행할 수 있게 합니다. 별로 중요해 보이지 않는 수많은 사소한 선택들에 우리 목표의 성패가 달려 있습니다.

경계선 설정

여기서 경계선이란, 삶에서 하나님을 위해 시간을 내기로 결심하고 나서 하는 여러 선택을 말합니다. 하나님과 더불어 갖는 시간이 삶에서 밀려나지 않도록 하기 위해 경계선을 설정하는 것은 하나님의 본을 따르는 셈입니다. 하나님께서는 우리를 행복하게 하고 보호해 주시기 위해 경계선을 설정해 주셨습니다. "엿새 동안은 힘써 네 모든 일을 행할 것이나, 제칠일은 너의 하나님 여호와의 안식일인즉 너나 네 아들이나 네 딸이나 네 남종이나 네 여종이나 네 육축이나 네 문 안에 유하는 객이라도 아무 일도 하지 말라"(출애굽기 20:9-10). 바다가 정해진 경계선 안에 머물 때 하나님께 영광이 되듯 우리가 하나님을 먼저 구할 수 있게(마태복음 6:33) 경계선을 설정할 때 하나님께 영광이 됩니다.

물론, 하나님을 먼저 구한다는 말이 순서나 차례를 의미하는 것은 아닙니다. 아침에 일어나서 맨 먼저 경건의 시간을 갖고 '할 일 목록'에 표시를 하고 나서, 그 후에야 다른 일을 한다는 말이 아니라는 것입니다. 어떤 것을 먼저 구한다는 것은, 일생을 통해, 하루를 통해, 그리고 어떤 환경에서든, 그것을 초점으로 삼는다는 말입니다. 경건의 시간은 당신이 그날 하루의 삶에서 하나님을 첫자리에 모시기 원하기 때문에 계발하는 습관입니다. 당신은 오직 하나님만을 위해 시간 한 토막을 성별(聖別)해서, 날마다 하루를 시작하면서 하나님께 전적인 관심을 쏟는 시간을 갖습니다. 아침 시간에 제단의 첫 돌을 놓습니다. 혼자서 조용하게 말입니다. 그리고 그날 하루를 살아가면서 제단의 돌을 하나하나 쌓아 올립니다. 일을 하든, 여가 시간을 보내든, 사람들을 만나든, 모든 일에서 하나님을 예배하는 삶을 삶으로써 제단을 쌓아 가는 것입니다.

칡넝쿨 자르기-하나님을 위한 시간 확보

칡은 아주 성장 속도가 빠른 식물인데, 미국 남부 지방의 토지 침식 문제를 해결하기 위해 일본에서 들여왔습니다. 칡넝쿨은 마치 용암이 흐르듯 뻗어나가 모든 것을 뒤덮고, 심지어 나무를 감고 올라가서는 나무를 아래로 끌어당기기까지 합니다. 칡은 아름다운 초록빛을 발하면서 빠른 속도로 남부 지방 곳곳으로 퍼져 나가더니, 닥치는 대로 식물들을 질식시키곤 했습니다.

이런 이야기를 읽은 적이 있습니다. 어떤 사람이 있었는데, 그는 날마다 직장에서 집으로 돌아오면 도시락 가방을 내려놓기가 무섭게 낫을 집어 들고는 칡넝쿨과 전쟁을 벌입니다. 아내에게 귀가 인사를 하거나 구두를 갈아 신지도 않고서 말입니다. 그 놈의 칡넝쿨은 집 주위에서 날마다 30센티씩 자라고 있었습니다.

당신에게 압박을 가해 오는 여러 일과 놓치고 싶지 않은 기회들. 이런 것은 마치 칡넝쿨과 같습니다. 설정된 경계선 내에 머물도록 계속 잘라 주지 않으면, 뻗어 나와 시간이라는 시간은 다 차지하고 당신의 영적 삶을 끝어내릴 것입니다. 마치 밀물처럼 밀려오는 칡넝쿨같이 삶 속의 여러 일들이 밀려와 당신을 삼켜버릴 수 있습니다. 그것들은 당신의 생각을 사로잡고, 시간과 에너지를 앗아가며, 하나님과의 친교 계발을 위해서는 아무것도 남겨 놓지 않을 것입니다.

나무를 심기 위해 파놓은 구덩이나, 일정표에 표시해 둔 데이트 날짜처럼, 경건의 시간은 하나님과의 관계를 발전시키기 위해 확보해 둔 시간입니다. 정신 차리지 않으면 삶 속의 칡넝쿨이 하나님과의 시간을 차지하고 만다는 사실을 명심하십시오. 낫을 집어 드십시오. 덜 중요한 것들이 몰려와서 가하는 압력에 대항하십시오. 경계선을 설정하십시오. 끊임없이 하나님을 먼저 구하는 선택을 하십시오. 하루를 맞이할 때마다 경건의 시간을 갖도록 하십시오. 이것은 삶에서 하나님을 위한 시간을 확보하고 이를 지키겠다는 당신의 결심을 나타냅니다.

우리 집에는 유리 항아리가 하나 있는데, 그것은 호두 다섯 알과 쌀로 채워져 있습니다. 만약 호두와 쌀을 쏟아내고 나서, 쌀을 먼저 채워 넣으면 호두는 들어갈 자리가 없을 것입니다. 그러나 호두를 먼저 넣으면 쌀은 호두 주위를 둘러싸며 채워지고 뚜껑은 쉽게 닫힙니다.

이 항아리를 볼 때마다 생각나는 사실이 있습니다. 덜 중요한 것들 때문에 중요한 것을 잃어버리지 않으려면 시간을 잘 운용해야 한다는 것입니다. 일상적인 일(집안 일, 쇼

핑, 빨래, 볼일 등)을 위해 시간을 먼저 확보하면 경건의 시간을 위해서는 틈을 내지 못할 것입니다. 그러나 하나님과 갖는 시간에 우선순위를 두고 그 시간을 먼저 확보한다면, 나머지 일들은 그 시간을 중심으로 자리를 잡을 것입니다. 우선순위 설정이란 중요도의 순서에서 어느 것이 먼저냐를 결정하는 것을 의미합니다.

관계를 발전시키기

당신은 이렇게 물을지 모르겠습니다. "'하나님과의 관계'라는 말을 자꾸 쓰는데, 정확하게 무엇을 말하죠?" 중요한 질문입니다. 사람들 사이의 관계도 그 성격을 규정하기가 쉽지 않습니다. 하물며, 보이지 않고 거룩하고 광대하신 창조주 하나님과 인간의 관계의 성격을 규정하는 것은 얼마나 더 어려울까요? 하나님과의 관계를 우선순위로 삼으려면, 먼저 그 관계를 이해해야 합니다.

개인적이고 독특한 관계

나는 아침마다 남편이 의자에 앉아 주님을 만나고 있는 것을 봅니다. 기도하고 있는 그의 얼굴을 보면서, 나는 '그가 주님과 함께 경험하고 있는 것 속으로 한번 몰래 들어가 볼 수 있었으면' 하고 생각해 봅니다. 하지만 불가능한 일입니다. 나는 내 나름대로 주님과의 관계를 경험할 수 있고, 남편과 함께 주님을 경험할 수도 있지만, 주님과 남편의 관계를 경험할 수는 없습니다. 마치 결혼처럼 둘의 관계는 배타적입니다. 두 결혼이 똑같은 경우가 없듯이 어떤 두 사람의 하나님과의 관계가 똑같은 경우는 없습니다. 관계는 우리 각자의 개성에 따라 다릅니다.

나는 우리 세 아이 모두 무척이나 사랑하고 똑같이 사랑하지만 그 셋과 나의 관계는 다 독특합니다. 그 애들은 제각기 뚜렷이 다른 개성을 가지고 있고, 그 개성을 나와의 관계 속으로 가지고 들어옵니다. 모든 관계는 관련된 사람들과 그들의 정서, 관심, 스타일, 가치관 등등의 표현입니다.

앞에서 우리는 경건의 시간을 갖는 방법에 대해 살펴보았습니다. 하지만 이 "어떻게"에 대해서는 제한적으로만 토의될 수 있습니다. 이는 경건의 시간은 관계를 계발하는 도구이지 그 자체가 목적은 아니기 때문입니다. 다른 여러 관계처럼 우리와 하나님의 관계도 일종의 관계입니다. 관계라는 것은 신비스런 것입니다. 그것은 해부해서 살펴볼 수가 없습니다. 성문화하고, 평가하고, 정의하기 위해 정밀 조사하는 것은 그것을 죽이는 것입니다. 그리고 신자와 그리스도의 연합만큼 신비스러운 관계도 없습니다.

성경에 따르면, 나는 "그리스도 안에" 있고, 그리스도께서 "내 안에" 계십니다(요한복음 14:20 참조). 이 표현은 주님께서 나와 주님의 관계를 이해하도록 돕기 위해 사용하셨는데, 매우 친밀한 관계를 나타냅니다. 유기체적인 변화가 일어났습니다. 예수님과 나는 포도나무 가지와 줄기가 붙어 있듯이 붙어 있습니다(요한복음 15:5 참조). 성경을 보면, 예수님을 따르는 자들은 예수님의 몸의 지체입니다(에베소서 5:30 참조). 그리스도 안에 있는 나의 생명은 살아 있는 생명이며 늘 변화를 거듭하고 있습니다. 왕성해지기도 하고 시들어 가기도 하는 것입니다. 예수님께서는 내 안에서 그리고 나를 통해 자신의 생명을 완전하고 독특하게 나타내기 원하십니다. 경건의 시간은 하나님과 정기적으로 계획적으로 만나는 것이며, 하나님의 마음, 하나님의 뜻, 하나님의 사랑, 하나님의 능력이 내 삶에서 더 잘 표현되도록 하기 위한 것입니다(요한복음 14:10-12 참조).

하나님의 목적, 당신의 목적
예수님께서 당신을 위해 죽으심으로 당신이 영원히 하나님께 사랑받는 자가 되는 것. 이것이 하나님의 목적이요 계획이었습니다. 하나님께서는 구원(구원이 내포하고 있는 모든 것) 및 자신과의 친교가 당신의 목적이 되도록 하십니다. 명확한 목적이 있으면 삶이 궤도를 벗어나지 않게 되고, 그 목적을 위해 에너지를 쏟아 부을 수 있습니다. 고상하고 명확한 목적이 있으면 삶에 모양이 잡히고 무엇을 어떻게 해야 할지가 결정됩니다. 삶을 통제해 주는 목적이 있으면 당신과 하나님의 관계를 계발해 나가는 데 도움이 됩니다. 필요한 한 가지에 시선을 고정시키고 앞으로 나아가십시오.

관계는 시간, 의사소통, 사랑을 필요로 한다

당신의 목적은 확고합니다. 경계선들은 설정되었습니다. 다음은 무엇입니까? 하나님과 만나는 것입니다. 당신을 사랑하시고 평생 동안 날마다 친교를 나누기 원하시는 하나님과 만나는 것입니다. 경건의 시간을 가질 때 기억해야 할 것이 있습니다. 모름지기 관계라는 것은 깊이를 더하기 위한 노력이 필요하다는 사실입니다. 농부가 풍성한 수확을 위해 흙을 갈고 비료를 주듯이 당신 또한 하나님과의 친밀한 관계를 위해 열심히 노력해야 합니다. 그렇게 하는 데 꼭 필요한 요소가 세 가지 있습니다. 바로 시간과 의사소통과 사랑입니다.

시 간

하나님과 더불어 시간을 보내는 것의 중요성에 대해 A. W. 토저는 다음과 같이 썼습니다.

> 이제 그 엄연한 사실을 받아들이는 것은 좋다. 하나님을 알아 가고자 하는 사람은 마땅히 하나님께 시간을 드려야 한다는 사실을 말이다. 하나님을 알아 가는 데 들인 시간을 절대로 낭비한 것으로 여겨서는 안 된다.

우리는 이미 시간적 제약들에 대해 이야기를 나누었습니다. 당신의 생명 되시는 살아 계신 하나님을 만나고자 한다면, 다른 어떤 일에서 시간을 내야 합니다.

의사소통

우리 하나님은 의사소통을 하시는 하나님이십니다. 하나님께서는 우리에게 성경책을 주셨는데, 성경은 하나님 마음속 깊은 곳에 있는 생각을 보여 줍니다. 하나님께서는 성령을 보내 주셔서 우리 안에 거하게 하시고, 우리 영과 의사소통을 하게 하셨습니다(요한복음 14:16-17,26 참조). 하나님께서는 우리의 모든 일에 대해 대화를 나누자고 하십니다(데살로니가전서 5:17 참조). 마음을 터놓고 대화를 나누는 것은 하나님께 너무나 중요하여 하나님께서는 성경에다가 사람들과 개인적으로 나눈 대화를 많이 기록해 두셨습니다.

앨프레드 배럿은 다음과 같이 썼습니다.

> 기도는 향이다.
> 그것은 흥정하는 것이 아니다.
> 얘야, 향을 생각해 보고 알아라,
> 기도가 얼마나 좋은 것인지를.

성경은 우리의 기도가 하나님께로 올라가는 향기로운 향과 같다고 합니다. "나의 기도가 주의 앞에 분향함과 같이 되며…"(시편 141:2). "책을 취하시매 네 생물과 이십사 장로들이 어린양 앞에 엎드려 각각 거문고와 향이 가득한 금 대접을 가졌으니 이 향은 성도의 기도들이라"(요한계시록 5:8). "향연이 성도의 기도와 함께 천사의 손으로부터 하나님 앞으로 올라가는지라"(요한계시록 8:4).

기도를 향으로 비유하는 것은 우리가 하나님께 의사소통하는 것을 하나님께서 너무도 기뻐하신다는 것을 잘 보여 줍니다. 우리 보기에는 더듬거리고 어설픈 것 같은 기도도 향기로운 향이 되어 하나님께로 올라갑니다. 하나님의 뜻대로 빚어지기 원하는 마음으로 하나님 앞에 나아갈 때, 우리의 말과 생각은 거룩한 제물이 되어 하나님께로 올라갑니다.

　하나님과의 의사소통은 '흥정하는 것이 아닙니다.' 내 친구인 리는 이 사실을 시편 131:2에 나오는 "젖 뗀 아이"라는 말을 통해 배웠다고 했습니다. 그에게 도전이 된 것은, 젖 먹는 아이가 엄마에게 오는 것은 젖을 먹기 위해서이지만 젖 뗀 아이가 가까이 오는 것은 단지 엄마와 함께 있는 것을 즐기기 위해서라는 사실입니다. 하나님과의 의사소통은 독백을 하는 것도 아니요 하나님께 '쇼핑 목록'을 내미는 것도 아닙니다. 하나님과 진정한 의사소통을 하려면 하나님의 마음을 완전히 이해하기 위해 마음을 같이하여 들으려는 태도를 가져야 합니다. 젖 뗀 아이가 엄마 품을 찾듯 하나님을 가까이하십시오. 기도의 향기가 올라가게 하십시오.

사 랑

결혼 상담자들의 말에 따르면, 다른 사람에게 사랑을 표현하려다가 완전히 뜻을 이루지 못하면 좌절감을 느낀다고 합니다. 사람마다 나름대로의 '사랑의 언어'가 있습니다. 그것이 선물인 사람도 있고, 사랑의 편지인 사람도 있으며, 애정을 표현하는 말이나 행동인 사람도 있습니다. 우리가 하나님께 사랑을 표현하고 싶다면 하나님의 사랑의 언어가 무엇인지 알아야 합니다. 다행히도 우리는 시행착오를 거칠 필요가 없습니다. 하나님께서는 무엇을 통해 자신에게 사랑을 표현할 수 있는지 알려 주셨습니다. 가장 기본이 되는 것은 순종입니다. 예수님께서는 이렇게 말씀하셨습니다. "사람이 나를 사랑하면 내 말을 지키리니 내 아버지께서 저를 사랑하실 것이요, 우리가 저에게 와서 거처를 저와 함께하리라"(요한복음 14:23). 우리는 하나님의 말씀을 진지하게 듣고 하나님의 뜻대로 살아감으로써 사랑을 표현합니다. 찬양과 감사는 순종이 있을 때라야 사랑의 표현이 됩니다.

하나님과의 관계를 계발하는 데는 당신 편에서 하는 노력이 필요합니다. 하나님을 위해서 삶에서 애써 시간을 확보하십시오. 당신의 삶은 더 풍성해질 것입니다.

요 약

우리는 선택을 하고 그 선택에 따른 이차적인 선택을 함으로써 하나님을 위한 시간을 내고 이를 지킬 수 있게 됩니다. 하나님과의 교제는 우리 삶에서 맛볼 수 있는 것 가운데 '가장 좋은 요리'입니다. 삶을 분주하게 하는 것을 자르고 하나님을 위해 시간을 내는 것은 우리에게 달려 있습니다.

개인 적용을 위한 도움말

- 당신이 선택한 방법을 따라 계속 경건의 시간을 가지십시오.
- 칡넝쿨을 잘라 내기 위해, 호두를 먼저 넣기 위해, 당신의 기도가 향처럼 올라가도록 하기 위해, 삶에서 바꾸

어야 할 것이 있는지 생각해 보십시오. 이번 주에 구체적으로 적용할 것은 무엇입니까?

묵상과 토의를 위한 질문

1. 당신 삶 속의 칡넝쿨은 무엇입니까? 어떤 선택을 하는 것이 하나님을 위한 시간을 확보하고 지키는 데 도움이 되겠습니까?

2. 당신의 삶에서, '항아리 속의 호두'가 될 만한 것으로는 경건의 시간말고 또 어떤 것이 있습니까? '쌀'이 그 '호두들' 주위를 채우도록 하기 위한 아이디어로 어떤 것이 있습니까?

3. 이 장의 내용을 통해 하나님과의 의사소통에 대한 생각이 바뀌었습니까? 어떻게 바뀌었습니까?

4. 하나님과 당신의 관계는 독특하고, 유기체적이고, 동적입니다. 하나님과 당신의 친교는 어떻게 발전하고 변화하고 있습니까?

5. 순종은 하나님께 대한 사랑을 표현합니다. 순종하기 위해 당신이 취해야 할 조처가 있습니까?

6. 경건의 시간에 배우거나 깨달은 것 한 가지를 그룹에서나 친구에게 나누십시오.

102   Quiet Time으로의 초대

제 5 장
장애물 극복

샐리는 날마다 경건의 시간을 통하여 하나님과 만나 교제하려고 애를 쓰고 있지만, 내리 사흘 이상 그 시간을 가져 본 적이 한 번도 없다고 했습니다. 꾸준히 갖는 데서 실패하고 나면, 죄책감이 들고 패배감이 몰려오고 실망이 되었습니다. 샐리도 언젠가는 정기적으로 하나님과 만나게 될 것으로 기대해도 될까요?

랜디는 꼭두새벽에 출근합니다. 그는 하나님과 만나고 싶어하지만 스케줄 때문에 방해를 받습니다. 아내인 캐롤은 세 아이를 키우고 있는데 애들이 어려서 가만히 앉아 있을 시간이 없습니다. 혹시 그런 시간이 나기라도 하면, 대개 잠 속으로 빠져들곤 했습니다. 이 두 사람의 문제에 대한 해결책이 있습니까?

이 장에서는 어떻게 장애물을 극복할 수 있는지 알아보겠습니다.

장애물이 없는 사람은 없다

평생 동안 죽 경건의 시간을 갖다 보면 누구나 장애물을 만나게 됩니다. 하지만 주님과 정기적으로 만나는 데 다른 사람들에게 도움이 되었던 아이디어들이 있으며, 이런 아이디어를 실행에 옮김으로써 당신은 장애물을 점점 더 잘 극복할 수 있습니다. 이 장에서는 경건의 시간에 좀더 깊은 묵상을 하는 데 도움이 되는 실제적인 조언도 하겠습니다.

장애물의 형태는 다양합니다. 외적인 것도 있고(시간적인 압박, 환경 등), 내적인 것도 있습니다(마음과 생각과 의지의 문제). 기도를 하려고 하거나, 하고 있을 때, 압박감을 느끼거나 마음이 분산될 수도 있습니다. 성경을 읽었더니 기쁨보다는 혼란을 느낄 수도 있습니다. 마음이 방황할 수도 있고, 성경을 읽거나 기도할 때 피로가 엄습해 올 수도 있습니다. 어떠한 장애물을 만나든, 당신만 그런 것은 아닙니다.

시카고의 대감독으로 있다가 작고한, 조셉 버나딘은 다음과 같이 썼습니다. "주님, 저는 공상을 하고 무슨 문제를 해결하다가 그 아침 기도 시간의 얼마를 써버린 것을 알고 있나이다. 그런 일이 없도록 할 자신도 없지만, 노력은 하겠나이다. 하지만 중요한 것은 그 시간을 다른 누구에게도 줄 마음이 없다는 사실입니다. 비록 그 시간을 통해 제가 주님과 온전한 수준으로 연합되는 것은 아니라도, 주님 외에 그 누구에게도 그 시간을 드리고 싶지 않나이다."

하나님만을 위해 시간을 낸다는 것 자체가 가치 있습니다.

하나님과의 교제 약속을 온전하게는 못 지켜도 성실히 지키는 것은 하나님을 알고 사랑하고자 하는 우리의 마음과 열망을 나타냅니다.

버나딘처럼, 우리 각자는 하나님과 만나는 장소로 인간적 약점을 가지고 갑니다. 하지만 성령도 모시고 갑니다. 성령께서는 우리 안에 거하시며 우리 연약함을 도우십니다(로마서 8:26-27 참조). 우리의 인간적 약점과 강력한 성령이 공존하고 있으며, 그러므로 우리는 완벽한 수준을 기대할 수도 없지만 그렇다고 너무 낮은 수준으로 만족할 필요도 없습니다.

당신과 하나님의 관계를, 기후, 토양, 온도, 습도, 햇빛, 병 등, 수많은 것에 영향을 받는 식물로 생각해 보십시오. 누가복음 8장에서, 예수님께서는 여러 종류의 흙에다 씨(하나님의 말씀)를 뿌리는 농부의 비유를 드십니다. 예수님께서는, 어떤 흙은 잘 다져진 길바닥같이 단단하다고 하셨습니다. 어떤 것도 그 흙 속으로 파고들지 못합니다. 어떤 사람들은 기쁨으로 말씀을 받으나, 바위 위에 얕게 깔려 있는 흙과 같아서 뿌리내릴 곳이 없습니다. 이러한 흙에 심겨진 식물은 뙤약볕이 내리쬐거나 바람이 불어 닥치면 시들어 버리고 맙니다. 예수님께서 언급하신 세 번째 흙은 매우 부드럽고, 깊기도 하지만, 가시로 뒤덮여 있습니다. 가시가 그 연약한 식물을 에워싸고 귀중한 양분을 빨아먹고 질식시키는 바람에 식물이 건강하게 자라지 못합니다. 주님께서 '가시'라고 하신 것이 어떤 것인지 알고는 놀랐습니다. 그것은 이생의 염려와 재리와 일락이었습니다. 얼른 보면 별로 해가 없는 것처럼 보입니다. 오히려 필요한 것 같기도 합니다. 그렇지만 이러한 '가시' 및 그와 비슷한 것들이 우리의 원하는 수준으로 하나님과 연결된 삶을 살지 못하게 합니다.

우리가 만나는 장애물

염 려

예수님께서 '가시'라고 하신 것 가운데 첫 번째가 이생의 염려입니다. 하루하루의 일상적인 삶이 하나님의 말씀을 질식시킬 수 있습니다. 우리 모두가 겪는 것을 보면, 아마도 심각한 것은 없고, 그저 있을 수 있는 요구와 용무와 압력일 것입니다. 단지 살아간다는 것 자체가 우리의 육체적, 정신적, 감정적 에너지를 다 소모시켜 영적 새싹이 자라지 못하게 할 수 있습니다.

감정이란 대개 다 그러한데, 염려라는 감정도 먹이를 주면 자랍니다. 염려는 늘 굶주려 있습니다. 염려는 한구석에 조용히 앉아 있기를 싫어합니다. 염려는 관심과 에너지를 쏟아 달라고 요구합니다. 일어날 수는 있지만 십중팔구 일어나지 않을 것으로부터 종종 염려가 자라납니다. 먼 훗날 일어날 수도 있는 것이지만 우리로선 전혀 손을 쓸 수도 없는 것에다 쓸데없이 감정적 에너지를 소모합니다. 염려는 괜한 것입니다. 그것은 아무것도 바꾸지 못합니다(마태복음 6:27 참조).

염려로 인해 하나님으로부터 관심이 멀어지는 일이 없도

록 하십시오. 하나님께서는 선하셔서 당신에게 선을 행하실 것이라는 사실을 믿으십시오. 하나님께서는 장래 일을 알고 계십니다. 그리고 당신에게 관심을 쏟고 계시며, 당신의 필요를 넉넉히 채우실 만한 능력을 가지고 계십니다.

내 친구는 이렇게 말했습니다. "염려와 두려움과 분노는 네 눈에 모래를 뿌리는 사탄 같아. 사탄은 너를 혼란스럽게 만들지. 그리하여, 네게 중요한 영향을 미치게 될 단 한 가지를 못하게 해. 하나님을 믿는 것 말이야."

온갖 염려가 영적 활력을 앗아갈 때는 경건의 시간 노트에 그 염려들을 하나하나 적어 보십시오. 잠언 3:5-6이나 야고보서 1:5의 진리를 적용하면서 각각의 염려거리에 대해 기도하십시오. 기도하면서, 당신이 취해야 할 행동이 있는지 하나님께 여쭤 보십시오. 하나님께서 알려 주시는 것이 있으면 기록하고 나서 실행하십시오. 구체적인 행동을 알려 주시지 않으면 염려거리 자체를 하나님께 맡겨 드리십시오. 염려 때문에 하나님의 말씀을 붙잡게 되고 믿음의 기도를 하게 된다면, 경건의 시간은 더 풍성하고 의미 깊은 시간이 됩니다.

재 리(財利)

게리는 한 푼이라도 아껴 쓰는 처지였습니다. 그러다가 뜻밖에 엄청난 유산을 물려받게 되었습니다. 이제는 염려할 일은 없을 것이라고 생각했습니다. 그러나 알게 된 것은, 이 뜻하지 않게 얻은 재산을 관리하는 것이 한 푼이라도 아껴 쓰기 위해 애쓰는 것보다 더 많은 시간과 에너지가 든다는 것이었습니다. 돈 자체가 나쁜 것은 아니지만, 돈은 우리의 마음과 시선을 주님으로부터 멀리 떼어놓을 수 있습니다. C. S. 루이스는 다음과 같이 썼습니다.

> 당신이 돈이 많을 때의 한 가지 위험은, 돈이 줄 수 있는 그런 행복으로 만족하게 될 것이고, 그래서 하나님을 필요로 한다는 사실을 깨닫지 못하게 되는 것이다. 수표에 서명만 하면 뭐든 당신 것이 되는 것처럼 보이면, 당신은 자신이 매순간 전적으로 하나님께 의존하고 있다는 사실을 잊어버릴 것이다.

돈이 하나도 없거나 너무 많으면(그리고 그 중간 수준에 있어도) 하나님을 향한 사랑으로부터 멀어질 수 있습니다. 하나님과 재물을 겸하여 섬기는 것은 불가능합니다(마태복음 6:24 참조).

일 락(逸樂)

돈과 마찬가지로 일락도 우리의 충성심이 나뉘게 하며, 하나님으로부터 관심이 멀어지게 할 수 있습니다. 일락 그 자체는 죄가 아닐 수도 있으나, 그것이 하나님과 경쟁할 때 위험해집니다. 존 헨리 조웻은 '수많은 흥미 거리에다 에너지를 마구 분산시키는 것'을 두려워했습니다. 그렇게 분산시키면, 열정적이고 잘 받는 태도로 하나님과 친교를 나누는 데 필요한 에너지나 시간이 남지 않게 됩니다.

내 친구 줄리는 일락은 끌어당기는 힘이 있더라고 했습니다. 이 세상에는 해보고 싶은 재미있는 일도 많고, 가보고 싶은 흥미로운 곳도 많습니다. 그런 세상을 살아가는 주님의 제자들에게는 긴장이 있으며 줄리는 그 긴장을 심하게 느꼈던 것입니다. 조웻과 마찬가지로 줄리도, 즐겁기는 해도 깊이가 없는 것들에 자기의 시간과 에너지가 분산되는 것을 두려워했습니다.

분주함

늘 급한 일로 쫓기는 삶이라는 책에서 찰스 험멜은 "당신에게 가장 위험한 것은 긴급한 일이 중요한 일을 밀어내도록 만드는 것이다"라고 했습니다. 정신없이 바쁜 것은 성령으로 사는 데 도움이 되지 않습니다. 경건의 시간은, 이미 과중한 짐으로 짓눌리고 있는 삶에 가해지는 또 하나의 압력이 되어서는 안 됩니다. 특별한 경우(아기가 태어났거나, 자연재해가 발생했거나, 질병이 걸렸거나, 기타 그와 비슷한 상황)를 제외하고, 당신이 바빠서 하나님과 시간을 꾸준히 갖지 못한다면 너무 바쁜 것입니다. 분주하게 살지 않으려면, '정말로 중요한 것' 위주로 살겠다는 결단만큼 효과적인 것이 없습니다. 경건의 시간을 중심으로 하루 일과를 짜십시오. 삶은 단순성을 되찾게 될 것입니다.

경외심 부족

하시딤파의 유대인들은 성경 구절을 읽기 전에 언제나 "그리고 하나님께서 말씀하셨다"라는 말을 합니다. 전승에 따르면, 주샤라는 랍비는 그 말을 들을 때마다 감정을 이기지 못했다고 합니다. 다른 랍비들이 그를 멀리 데리고 나가야 했습니다. 그가 부르짖고, 벽을 주먹으로 마구 두들기면서 쉴 새 없이 "그리고 하나님께서 말씀하셨다"라고 소리치기 때문이었습니다. 랍비 주샤는 하나님께서 하시는 말씀을 직접 들은 것은 아니었습니다. 하나님께서 인간에게 말씀하셨다는 사실 자체가 경외심과 경이감을 불러일으켜 그의 감정을 주체할 수 없게 했던 것입니다.

각 성경 구절은 틀림없이 우리도 소리치게 할 것입니다. 만약 우리 앞에 자욱하게 끼어 있는 각 사람 나름의 안개를 제할 수만 있다면 말입니다. 하나님이 누구신지를 조금이라도 안다면, 모든 구절은 우리를 꿇어 엎드리게 할 것입니다. 하나님께서 해주시는 말씀을 듣는 것에 대해 우리가 따분하게 여기는 것을 보면, 천사들은 틀림없이 어리둥절해 할 것입니다. 우리 자신을 잘 안다면, "날 사랑하심, 날 사랑하심, 성경에 써 있네"라는 찬송을 부를 때 가슴 설레지 않겠습니까? 시편 기자가 기록한 바와 같이, 온 땅은 하나님을 두려워해야 하고 세계 모든 거민은 하나님을 경외해야 합니다(시편 33:8 참조).

하나님의 영광에 대해 둔감해서 죄송하다고 하나님께 말씀드리십시오. 하나님이 누구시고 피조물인 우리가 누구인지 더 잘 알게 해달라고 기도하십시오. 경외심을 키워 주시도록 기도하십시오. 계속 하나님께 나아가십시오. 하나님께서는 당신의 인간적 약점을 알고 계십니다. 하나님께서는 당신을 사랑하시며 늘 당신에게 자신을 나타내고자 하십니다.

미루기나 게으름

중요한 일까지도 미루기 좋아하는 이들이 많습니다. 우리는 하찮은 것을 하다가 어느 새 하루를 다 보내며, 하나님께 관심을 쏟을 여유가 도무지 없습니다. 잠언은 이 문제로 씨름하고 있는 사람들에게 교훈과 도전을 줍니다. 잠언은 부지런히 지혜를 추구하는 사람에게는 축복이 따르고 그렇지 않은 사람에게는 재앙이 임한다는 것을 가르쳐 줍니다. 미루는 습관이 있거나 게으름과 씨름하고 있다면 이번 달에는 잠언을 가지고 경건의 시간을 가져 보십시오. 도전을 받게 될 것입니다.

피로, 침체, 슬픔

다이앤은 여러 해 동안 해외에 나가 있었는데 긴장을 많이 느꼈던 기간이었습니다. 미국으로 돌아왔을 때는 극도로 피곤을 느끼고 있었고, 거기다가 본국 생활 적응에 필요한 중요한 일 몇 가지가 처리되지 않고 자꾸 지연되고 있었습니다. 은행에 있던 돈은 가족들의 필요를 채우느라 다 써버렸습니다. 이 기간에 다이앤은 믿음에 관한 구절들을 노트에다 옮겨 적었는데 무려 10쪽이나 되었습니다. 경건의 시간에는 그 구절들에 초점을 맞추어 묵상했습니다. 다이앤은 이렇게 말합니다. "저는 생각이 하나님께 대한 믿음으로 향하게 하고, 문제나 실망으로 향하지 못하게 했답니다."

이런 시기에 대비하여, 큰 믿음을 갖게 해주는 구절들을 기록해 나가십시오. 하나님을 의뢰하기 위해 특히 많은 격려가 필요할 때, 그 말씀들은 귀중한 자원이 될 것입니다.

영적 식욕 부진이나 영적 열망 결핍

우리 아들 그레이엄은 개인적인 필요가 있어서 한동안 금식을 한 적이 있습니다. 그 애는 식사는 하지 않았지만 종종 식사 시간에 우리와 자리를 같이했습니다. 며칠 후, 나는 금식하는 것이 점점 더 힘들지 않은지 물어 보았습니다. 그 애는 "오히려 지금이 더 배고픈 줄을 모르겠어요"라고 했습니다. 한동안 음식을 멀리하면 음식 생각이 없어질 수 있습니다. 당신은 '정기적으로 먹지 않아' 하나님과 시간을 가지려는 열망이 없을 수 있습니다. 이러한 열망은 식욕과 마찬가지로, 좋은 음식이 나오고 정기적으로 운동을 하고 즐거운 친구들과 함께하면 더 좋아집니다. 하나님과 말씀을 향한 열망이 썰물처럼 빠져나갔다면, 이런 아이디어들을 사용하면 다시 밀물처럼 밀려올 것입니다. 입맛을 돋우는 음식을 한 입 먹는 것으로 시작하십시오.

영적 식욕 돋우기

이번 주에 날마다 빌립보서 4:6-7 말씀으로 경건의 시간을 가지십시오. 매일 다음과 같이 하십시오.

- 그 구절을 노트에 그대로 옮겨 적으십시오.
- 현재 가지고 있는 염려 거리들을 열거하십시오.
- 각각의 염려 거리에 대해 기도하십시오. 하나씩 하나씩. 하나님께서 도와주시도록 요청하십시오.
- 하나님께서 들으신다는 것에 대해 감사드리십시오. 하나님께서

> 는 이러한 각각의 상황을 사용하여 하나님을 더 깊이 신뢰하도록 이끄시며, 하나님을 경험해 가는 역사에서 또 한 페이지를 기록하게 해주실 것입니다. 이 사실에 대해 감사드리십시오.
>
> (영적 식욕 촉진용 애피타이저가 부록에 더 소개되어 있습니다.)

빡빡한 일과와 특별한 상황

짐은 새벽 4:45에 집을 나서는데, 출근 전에 경건의 시간을 갖습니다. 그는 새벽 4시에 일어납니다. 이전에는 2:30에 일어난 적도 있습니다. 일과가 그토록 이른 시간에 시작되는데, 왜 굳이 아침에 경건의 시간을 가지려고 애쓰고 있을까요? 짐은 점심시간에 가져 보려고도 해보았습니다. 하지만, 이런 저런 방해 거리가 생겨 지속적으로 가질 수가 없었습니다. 저녁에도 잘 되지 않았습니다. 졸음 때문이었습니다. 다행히도 그는 아주 이른 시간에 잘 일어났습니다. (그의 아내 샤론은 그 시간에 졸음을 이기려면 커피 두 잔은 마셔야 합니다.) 그래서 자기한테는 이른 아침이 제일 좋은 시간이라고 결론을 내렸습니다. 짐은 성경을 읽고 생각되는 바와 깨달은 바를 노트에 기록하는 데 15분 정도를 들입니다. 그 다음에는 화물차로 덴버에서 와이오밍 주의 캐스퍼 사이를 왕복하면서 묵상과 기도를 계속합니다.

당신의 하루 스케줄이 특이하다면, 가장 좋은 시간을 알아내기 위해 짐처럼 실험을 해보아야 할 것입니다. 포기하지 마십시오! 계속 노력하십시오. 도전하려면 창의성이 필요합니다. 필요하다면 희생도 해야 합니다.

율법주의, 죄의식, 체면, 의무감

"아니나다를까, 오늘 아침에 타이어가 펑크 났어요. 경건의 시간을 빼먹었기 때문에 무슨 일이 일어날 줄 알았다니까요." 이 열심 많은 여성은 하나님을 오해하고 있습니다. 하나님께서는 하늘에서 내려다보시다가 우리가 경건의 시간을 가지면 신나는 일이 일어나게 하시고, 갖지 않으면 타이어에 펑크가 나게 하시는 분이 아닙니다. 하나님에 대해 잘못된 개념을 가지고 있으면 '공적(功績) 중심' 모드로 바뀔 수 있습니다. 우리는 '해야 할 일' 점검 목록을 자신을 위해 만듭니다. 할 일을 다 해 칸마다 표시가 되면 하나님께서 우리를 축복하셔야 할 의무가 있다고 생각합니다. 빈칸이 몇 개 있으면 패배감을 느끼며 하나님 앞에서 움츠러듭니다. 그러나 이는 잘못 알고 있는 것입니다. 경건의 시간을 가졌다고 하나님께서 우리를 더 사랑하시는 게 아닙니다.

수잔은 자기 경건의 시간은 의무 수행에 가깝다고 했습니다. 그는 대학 시절에 그리스도를 믿었으며, 영적 교제를 위한 캠퍼스 모임에 참여했습니다. 그 모임의 멤버들은 경건의 시간에 배운 것들을 종종 나누곤 했으며, 수잔에게 하나님과 단둘이 만나는 시간을 잘 갖고 있는지 묻기도 했습니다. 수잔은 그런 질문에 대비하여 자신을 보호하기 위해 거의 날마다 하나님과 만나는 시간을 가졌습니다.

워렌도 새로 믿은 사람입니다. 그는 수잔과 같은 모임의 멤버였습니다. 수잔은 다른 사람들이 경건의 시간에 깨달은 내용을 나눌 때 두려워하며 움츠러든 반면, 워렌은 즐거운 마음으로 경청했으며 최선을 다해 배우고자 했습니다. 몇 년이 지났습니다. 그 모임 참석의 영향을 평가할 때, 수잔은 그 모임 때문에 자기가 사람을 기쁘게 하는 행동을 했다고 생각했습니다. 그러나 워렌은 멤버들이 하나님을 개인적으로 그리고 함께 찾도록 도와주는 그 모임에 참석한 것을 하나의 선물이요 특권이라고 여겼습니다.

잠언에서는 "무릇 지킬 만한 것보다 더욱 네 마음을 지키라. 생명의 근원이 이에서 남이니라"(4:23)고 했습니다. 중요한 것은 마음입니다. 수잔은 의무감으로 경건의 시간을 가졌고, 워렌은 자원함으로 하나님과 시간을 가졌습니다. 수잔은 사람을 기쁘게 하기 위해 경건의 시간을 가졌습니다. 그러나 워렌은 그 시간을 통해 하나님을 만났고, 이 새로운 습관을 들이도록 그들이 도움을 준 것에 고마움을 느꼈습니다.

당신은 하나님을 만나고 있습니까, 아니면 습관을 따르고 있습니까? 하나님을 만납니까, 아니면 의무를 행하고 있습니까? 하나님을 만납니까, 아니면 명령을 수행하고 있습니까? 당신이 그 시간을 갖는 것은 원해서입니까, 아니면 사람들의 인정을 받고 싶어서입니까? 만약 당신의 마음이 올바르면, 습관은 도움을 주는 것이요, 의무는 기쁨을 주는 것이며, 명령은 부담스런 것이 아니요, 부족한 점이 많은 동료 그리스도인들도 기쁨의 근원입니다. 마음이 온전치 못하면 모든 것이 방해물이 되지만, 마음이 온전하면 모든 것이 하나님의 목적을 이루는 데 도움이 됩니다. 토머스 보스턴은 이렇게 썼습니다. "영혼이 성스러우면 거름더미에서도 보석을 긁어모을 수 있다."

방황하는 마음이나 졸음
제니는 걸으면서 기도를 하는데, 방을 왔다갔다하면서 소리 내어 기도합니다. 무릎을 꿇거나 앉아 있으면 졸음을 이길 수가 없다고 합니다. 그는 또한 하나님께 말씀드리면서 가볍게 운동을 한다고 합니다. 몸을 움직이는 것은 하나님께 마음을 집중하는 데 도움이 되었습니다. 제니처럼, 경건의 시간에 마음을 집중하고 깨어 있는 데 도움이 되는 것이 무엇인지 알아보십시오.

보다 효과적으로 경건의 시간을 갖는 데 도움이 되는 아이디어 몇 가지를 소개합니다.

- 소리 내어 기도하거나, 글로 써서 기도해 보십시오.
- 마음을 집중하느라 씨름하기보다는, 하나님 앞에 꾸준히 나아가게 해주는 아이디어를 계발하십시오. 예를 들어 설명하겠습니다. 전화를 걸어야 할 것이나 당면하고 있는 무슨 문제 때문에 하나님께 집중이 안 된다면, 그것을 하나님께로 가지고 나가십시오. 노트에 간단히 내용을 기록하고 그 문제를 위해 기도하십시오. 이렇게 하나님께 말씀드리십시오. "하나님, 이 전화 통화를 위해 지혜를 주소서. 하나님을 영화롭게 하기 원합니다. 통화를 할 때 무슨 말을 어떤 태도로 해야 할지 이끌어 주소서."

■ 자녀들을 등교시키느라 바삐 움직이다가 주님과 시간을 갖기 위해 이제 막 돌아왔거나 또는 시간에 맞추어 집을 나서기 위해 서두르고 있는 중인 경우, 그 '분주한 세상'에서 '하나님과 만나는 조용한 장소'로 나아가는 다리를 놓는 것이 도움이 됩니다. 예를 들면, 잠시 어떤 책을 읽을 수도 있습니다. 이전에 당신이 주의를 집중하며, 마음을 뜨겁게 하고, 겸손하고 굴복하는 태도로 하나님께 나아가는 데 도움이 된 책이면 됩니다. 다 읽을 필요는 없고, 속도를 떨어뜨리고, 기어 변속을 하고, 하나님께 생각을 집중하는 데 도움이 될 정도면 충분합니다. 또는 노트에다 좋아하는 성경 구절, 찬송가, 시, 글귀 등을 모아 두었다가, 이것을 다리로 삼아 '하나님과 만나는 뜻 깊은 시간'으로 건너가십시오.

그릇된 자세

스코트는 실업가인데, 창 밖으로 바다가 내려다보이는 거실에서 주님과 만납니다. 어느 날 아침 그는 불평을 했습니다. "주님, 제대로 기도가 되지 않습니다. 노력은 하고 있습니다만…."

"정말이냐? 네가 노력하고 있다고?" 스코트는 주님께서 나무라시는 말씀을 들었습니다. "네 모습을 좀 봐라. 안락의자에 편안하게 등을 기대고 앉아서, 손에는 커피를 들고, 다리를 죽 뻗고…. 넌 지금 누구에게 얘기하고 있느냐? 무릎을 꿇어라." 그때부터 스코트는 무릎을 꿇고 기도하게 되었습니다.

당신의 기도 시간에 대해 기도하십시오. 하나님께서 해주시는 말씀에 깜짝 놀랄지도 모릅니다.

불경건한 생각

그리스도께 돌아오기 전, 론은 경건치 못한 것들에 빠져 있었습니다. 예수님을 믿고 나서 기도를 할 때, 옛날에 보았던 불경건한 장면들이 때때로 머리 속에 떠올랐습니다. 큰 고민거리였으나, 이를 해결하는 데 몇 가지가 도움이 되었습니다.

- 예수 그리스도를 통해 이전의 삶으로부터 해방된 것에 대해 하나님께 감사드렸습니다.
- 그리고 나서, 믿을 만한 그리스도인 친구에게 자신의 옛 생활 및 계속되고 있는 문제를 이야기하고 기도 부탁을 했습니다. 과거의 나쁜 습관에 대해 허심탄회하게 나누고 그것을 빛 가운데 드러냈을 때, 론은 수치심과 죄의 속박에서 바로 해방되었습니다. 죄는 우리를 공격하려고 어두운 구석에 숨어서 기다리고 있습니다. 거기다 하나님의 빛을 비추십시오.
- 정기적으로 경건의 시간을 가짐으로 계속 마음과 생각을 순결하게 유지하려고 했습니다. 순결하지 못한 생각은 물리치고, 참되며, 경건하며, 옳으며, 정결하며, 사랑할 만하며, 칭찬할 만하며, 덕이 되며, 기릴 만한 생각을 하기 위해 힘썼습니다(빌립보서 4:8 참조).

이전에 탐닉했던 죄악된 것과 싸움을 벌이고 있거나 자꾸 어떤 죄에 넘어지는 바람에 어려움을 느끼고 있다면, 론에게 해방을 가져다주었던 세 단계를 밟아 보십시오.

비현실적인 기대

캐시는 성경 대학에 다닐 때, 경건의 시간은 날마다 한 시간씩 가지되 성경 읽기에 20분, 기도에 20분, 성경공부에 20분을 들여야 한다고 배웠습니다. 그런데 아이들을 키우느라 바빠지자 그만한 시간을 내지 못했습니다. 패배감을 느꼈습니다. 학생 시절에는 가능했고 또 적당했던 것이 엄마가 되자 불가능했습니다. 한 시간에 못 미쳐도 하나님께서는 기뻐하십니까? 물론입니다. 하나님께서는 당신의 처지를 잘 아시며 긍휼히 여기십니다. "그는 목자같이 양 무리를 먹이시며, 어린 양을 그 팔로 모아 품에 안으시며, 젖 먹이는 암컷들을 온순히 인도하시리로다"(이사야 40:11).

꾸준한 경건의 시간의 비결

지금까지는 주님과 갖는 매일의 시간을 위협하는 장애물 몇 가지를 살펴보고, 이를 극복하는 데 도움이 되는 방법들을 생각해 보았습니다. 이제는 경건의 시간을 지속적으로 갖는 데 도움이 되는 몇 가지 원리를 살펴보고자 합니다.

평생 동안 하나님을 만나는 것이야말로 "하나님을 사랑한다"는 우리의 고백에 일치되는 습관입니다. 예수님의 제자로 자처하는 사람이라면 매일의 삶에서 주님을 위한 시간을 확보할 것입니다.

앨런은 웨스트버지니아에서 자랐는데, 자랄 때 아버지가 날마다 어김없이 경건의 시간을 갖는 것을 보았습니다. 앨런은 확신 있게 이렇게 말했습니다. "난 올해 여든다섯이신 아버지께서 오늘 아침에 무엇을 하셨을지 압니다. 아침 5시 30분에 일어나서 성경을 읽고 기도하셨겠지요." 오랜 세월 동안 날마다 그랬듯이 오늘 아침에도 하나님과 만나 시간을 가졌으리라는 흔들리지 않는 확신. 아들에게 물려 줄 유산으로 이것보다 더 값진 것이 있겠습니까?

꾸준히 경건의 시간을 갖는 데 도움이 되는 것 몇 가지를 알려 드리겠습니다.

이유를 기억하십시오

당신 생각에는 하나님과 단둘이 만나는 시간을 꾸준히 가지려고 노력할 만한 가치가 있습니까? 그 이유가 무엇입니까? 마음속에서 그 이유를 명확히 하십시오. 이유가 선명하지 못하면 그 습관을 계속 유지할 수가 없습니다. 하나님을 만나겠다는 결단은 당신의 마음과 생각에 뿌리를 내린 나무와 같아야 합니다. 가장 큰 동기가 되는 것은 하나님께서 당신을 원하신다는 사실입니다. 하나님께서는 당신이 마음을 다하고 성품을 다하고 힘을 다하여 하나님을 사랑하기 원하십니다(신명기 6:5 참조). 하나님께서는 당신의 사랑과 신뢰를 받는 것만큼 기쁜 게 없습니다. 하나님께서는 당신이 하루 종일 하나님께 시선을 고정하기 원하시지만, 날마다 시간을 떼어 두어 하나님께 온전히 집중하는 시간을 가질 때 가장 기뻐하시리라 생각됩니다.

인정하고 응답하십시오

주님과 만나려는 열망이 당신에게 있는 것은 성령께서 당신 안에서 은혜로 역사하신 결과입니다. 이 사실을 인정하십시오. 그 열망에 응답하십시오. 작은 열망으로 경건의 시간에 임했다면, 작기는 해도 분명하게 있는 그 열망에 대하여 감사하십시오. 그리고 열망을 더 키워 달라고 주님께 기도하십시오.

"율법주의"를 피하다가 곁길로 벗어나지 마십시오

주님을 만나야 한다는 것을 안다는 그 이유 때문에 매일 주님을 만나는 것은 율법적이라고 주장할지 모릅니다. 하지만 당신은 경건의 시간을 갖는 것이 왜 중요한지를 압니다. 그렇기 때문에, 주님과 더불어 시간을 보내는 것은 율법적이 아닙니다. 모든 일을 마음이 내키고 열망이 있을 때만 한다면 살아가는 데 문제가 생깁니다. 우리는 어느 정도로는 '습관'을 따라 행해야 합니다. 또한, 미리 결정된 가치 기준에 근거를 둔 '해야 하는 것'을 행해야 합니다. 그렇지 않으면 이 세상은 뒤죽박죽이 되고 말 것입니다.

계속 열심히 노력하십시오

삶 속에 있는 대부분의 것에서, 성공은 목표를 이루기 위해 그 방향으로 꾸준히 나아가는 사람에게 찾아옵니다. "게으른 자는 마음으로 원하여도 얻지 못하나 부지런한 자의 마음은 풍족함을 얻느니라"(잠언 13:4). 부지런히 하나님과 만나십시오.

훈련하십시오

아침에 정시에 일어나 경건의 시간을 가지려면, 저녁에 정시에 잠자리에 들어야 합니다. 두 결단 다 훈련을 요합니다.

계획을 따르십시오

아무 계획도 없이 되는 대로 주님을 만나는 사람, 성경을 되는 대로 펼쳐서 아무 데나 읽고 나서 덮는 사람은, 경건의 시간을 오랫동안 지속적으로 갖거나 큰 만족을 누리지 못합니다. 계획이 있으면 지속적으로 시간을 가질 수 있으며, 사슬처럼 이어지는 '하나님과 함께하는 역사(歷史)'에서 하루하루를 또 하나의 고리로 만듭니다.

마음을 쏟고 풍성하게 하십시오

하나님과 갖는 시간에 마음을 쏟을수록 더 꾸준하게 하나님과 만나게 될 것입니다. 이를 위한 한 가지 좋은 방법은 말씀 묵상하는 법을 배우는 것입니다.

묵상은 경건의 시간을 풍성하게 한다

예수님께서는 이렇게 말씀하셨습니다. "살아 계신 아버지께서 나를 보내시매 내가 아버지로 인하여 사는 것같이 나를 먹는 그 사람도 나로 인하여 살리라"(요한복음 6:57).

예수님을 먹는 것. 이것은 우리를 부르신 목적이기도 합니다. 하지만 어떻게 예수님을 먹습니까?

예를 들어 설명하겠습니다. 우리 가족들은 누구나 저녁 식사에 나오는 야채와 콩을 조금씩은 먹도록 되어 있었습니다. 우리 아들 매트는 어릴 때 콩을 몹시 싫어했습니다. 한번은 그 애가 콩 세 알을 접시로 가져가더니 무슨 알약처럼 콩을 통째로 삼켜 버렸습니다.

애석하게도 우리는 이와 같은 방법으로 성경을 읽을 때가 많습니다. 말씀의 맛도 보지 않고 꿀꺽 삼켜 버리는 것입니다. 말씀을 씹어 보기도 하고, 입 안에서 이리 저리 굴려 보기도 하고, 단물을 빨아 보기도 해야 합니다. 이 과정을 '묵상'이라고 부릅니다. 묵상은 골똘하게 생각하는 것으로서, 되새김질하는 것과 비슷합니다. 되새김질이라고 하면 반추 동물인 소가 생각납니다. 소는 씹고, 삼키고, 나중에 게워서 다시 씹습니다. 그 과정은 계속됩니다.

하나님께서는 묵상하는 삶으로 우리를 부르시며, 말씀을 '씹는 사람,' 즉 묵상하는 사람에게 엄청난 유익을 약속하십니다. "이 율법책을 네 입에서 떠나게 하지 말며, 주야로 그것을 묵상하여 그 가운데 기록한 대로 다 지켜 행하라. 그리하면 네 길이 평탄하게 될 것이라. 네가 형통하리라"(여호수아 1:8).

그리스도인의 묵상은 동양 종교에서 가르치는 명상과는 크게 다릅니다. 동양 종교에서는 수행자(修行者)들에게 마음을 비우라고 말합니다. 하나님께서는 자신의 진리로 우리 마음을 가득 채우라고 말씀하십니다. 동양의 명상은 수

동적이지만, 하나님께서는 머리로 생각하고, 감정을 동원하고, 의지를 의도적으로 굴복시키기 원하십니다.

미술사를 배우던 시절에 숙제를 하면서 묵상에 대해 배운 바가 있습니다. 그 숙제는 볼티모어 미술관에 소장되어 있는 꽃병 하나에 대해 2,000 단어 분량의 보고서를 작성하는 것이었습니다. 자료 조사 등은 허용되지 않고 오직 관찰만 할 수 있었습니다. 나는 그 꽃병 주위를 맴돌면서 '도대체 꽃병 하나에 대해 어떻게 그토록 많은 내용을 쓸 수 있을까?' 하고 생각했던 기억이 납니다. 그러나 관찰을 하면 할수록 더 많은 것이 보였습니다. 나는 그 꽃병의 모양, 색상, 질감, 재료 등에 대해 메모를 했습니다. 나는 거기에 그려져 있는 그림, 그림이 나타내고 있는 이야기를 기록했고, 과거에 그 꽃병이 어떻게 사용되었을지, 그리고 내 것이라면 어떻게 사용할지에 대해서도 기록했습니다. 그리스도인의 묵상과 매우 비슷한 과정이었습니다.

실제적인 묵상 훈련

1. 옛사람들은 "책을 읽을 때는 소리 내어 읽고, 단어를 음미하며, '그 페이지의 음성'에 귀를 기울이라"라는 말을 들었습니다. 그렇게 해보십시오. 성경 구절 하나를 선택하여 읽고 또 읽되, 읽을 때마다 다른 단어를 강조해 보십시오. 예를 들면, 시편 46:10로 해보십시오. "**너희는** 가만히 있어 내가 하나님 됨을 알지어다." "너희는 **가만히 있어** 내가 하나님 됨을 알지어다." "너희는 가만히 있어 **내가** 하나님 됨을 알지어다." 이런 식으로 그 구절 전부에

> 대해 해보십시오. 각 단어에 잠시 머물면서 여유를 가지고 음미해 보십시오. 별로 중요해 보이지 않던 단어가 당신 삶에 엄청난 영향을 미칠 수 있음을 알고 놀라움을 금치 못할 것입니다.
> 2. 헨리 워드 비처는 여러 보석을 호주머니에 넣고 다녔습니다. 틈이 나면 그는 하나를 꺼내서 빛에다 내어놓고 그 광채를 즐겼습니다. 하나님의 말씀을 묵상하는 것도 이와 비슷합니다. 진리의 말씀을 당신 눈앞에 꺼내 놓고 하나님께서 거기에 빛을 비추시게 해드리십시오. 이를 통해 그것을 즐기며 더 온전히 당신 것으로 만들 수 있습니다. 하나님의 말씀은 모든 그리스도인들을 위한 것이지만, 모든 그리스도인들이 똑같은 분량을 소유하고 있지는 않습니다. 말씀에 대해 묵상하면서 질문을 던져 보십시오. 이 말씀은 하나님에 대해 무엇을 말해 주는가? 인간인 당신에 대해서는? 예수님을 믿는 당신에 대해서는? 따라야 할 교훈이 있는가? 주장해야 할 약속이 있는가? 고쳐야 할 태도가 있는가? 명심해야 할 경고가 있는가? 등등.

생명을 택하라

오래 전의 일입니다. 젊은 시절 나의 남편은 육군에서 군 복무를 하고 있었는데, 한 친구와 더불어 주님을 따르기 위해 힘쓰고 있었습니다. 그 친구는 주님과 단둘이 갖는 시간이 꾸준하지가 못하다고 털어놓았습니다. 남편은 자세히 알아보았습니다. "오늘 아침에 식사는 했나?" "그럼." "어제는?" "물론 했지." "이번 주에 날마다 아침 식사를 했나?" "그럼." 다른 질문을 할 수도 있습니다. 신문은 읽었나? 전화 통화는 했나? 텔레비전은 보았나? 컴퓨터 게임은

했나? 친구는 만났나? 무슨 말인지 눈치 챘을 것입니다. 우리는 정말로 하고 싶거나 참으로 중요하게 여기는 것을 위해서는 시간을 냅니다. 하나님께서는 자신과 우리의 관계를 가장 중요하게 여기시며, '생명'과 '사망'이라는 말을 사용하여 그 관계에 대해 말씀하십니다.

> 내가 오늘날 천지를 불러서 너희에게 증거를 삼노라. 내가 생명과 사망과 복과 저주를 네 앞에 두었은 즉 너와 네 자손이 살기 위하여 생명을 택하고, 네 하나님 여호와를 사랑하고 그 말씀을 순종하며 또 그에게 부종하라. 그는 네 생명이시요… (신명기 30:19-20)

그리고 신명기 32:47에서는 이렇게 말씀하십니다. "이는 너희에게 허사가 아니라 너희의 생명이니, 이 일로 인하여 너희가 요단을 건너 얻을 땅에서 너희의 날이 장구하리라."
하나님과 하나님의 말씀은 당신의 생명입니다. 하나님께서는 당신에게 "생명을 택하고," "복을 택하라"고 명하십니다. 하나님과 단둘이 시간을 갖겠다는 결단을 삶의 중심으로 삼으십시오. 하루를 살아가면서 말씀을 가장 중요시하기로 하십시오. 당신의 선택이 당신의 하루를 좌우하고, 한 주를 좌우하고, 한 달을 좌우하고, 한 해를 좌우하고, 일생을 좌우합니다. 당신의 선택은 참된 생명으로 인도할 수도 있고 사망으로 인도할 수도 있습니다. 날마다 꾸준히 하나님과 시간을 갖기로 선택하십시오.

요 약

하나님과 만나는 시간을 가지려고 할 때 누구나 장애물을 만납니다. 하나님과 더불어 갖는 이 시간이 당신 삶의 중심이 되도록 계속 노력하십시오. 묵상을 통해 더 온전하게 그 시간에 자신을 드리도록 하십시오. 생명을 택하십시오.

개인 적용을 위한 도움말

경건의 시간에 묵상 훈련을 함으로 하나님과의 시간을 더 풍성하게 하십시오. (124-125쪽에 있는 아이디어들을 참조하십시오.) 이 아이디어 가운데 하나를 이번 주 경건의 시간에 사용해 보십시오.

묵상과 토의를 위한 질문

1. 요즘 하나님과 만나는 시간을 풍성하게 갖지 못하게 하는 방해물이 있습니까? 외적인 방해물(환경)과 내적인 방해물(당신의 마음, 생각, 의지)을 설명해 보십시오.

2. 출애굽기 16장을 읽으십시오. 하나님께서는 만나 모으는 일에 관해 여러 가지 지시를 하셨습니다. 이 지시들과

경건의 시간을 갖는 것 사이에는 어떤 유사점이 있습니까?

3. 존 낙스(1514-1572)는 이렇게 썼습니다. "하나님의 입에서 나오는 '위로'의 말씀을 듣지 않고 하루가 흘러가 버리는 일이 없도록 하라. 귀를 열라. 그러면 하나님께서는 '즐거움'이 될 것을 당신에게 들려주실 것이다." 당신은 하나님과 함께 갖는 시간에 어떤 '위로'나 '즐거움'을 얻고 있습니까?

4. 시편 119:95에서, 서로 관계가 없는 것 같은 두 가지 내용이 같이 나옵니다. "악인이 나를 멸하려고 엿보오나 나는 주의 증거를 생각하겠나이다." 당신 생각에는, 하나님의 말씀을 묵상하는 것이 이러한 상황에서 어떻게 도움이 됩니까?

5. 시편 119:95을 토대로 하여, 당신이 지금 맞고 있는 어떤 상황과 관련하여 비슷한 서술을 해보십시오. "회사의 정책이 나를 두렵게 하나, 나는 하나님의 말씀을 묵상하겠나이다." "우리 어린것이 밤새도록 잠을 자지 않으나, 나는 하나님의 말씀을 묵상하겠나이다." 질문 3에서 열거한 유익들이 당신의 상황에 해당됩니까? 어떤 식으로 해당됩니까?

6. 당신의 경우, 경건의 시간을 꾸준히 갖는 비결은 무엇입니까?

130　Quiet Time으로의 초대

제 6 장
기 록

이 책의 각 장에서는 경건의 시간을 가질 때 기록을 하라고 했습니다. 왜 기록을 해야 합니까? 읽기와 쓰기는 성경적인 아이디어이기 때문입니다. 우리 하나님께서는 우리를 위해 성경을 기록하셨습니다. 이 성경을 통해 하나님께서는 자신과 자신의 여러 가지 계획을 가장 온전하게 계시하십니다. 성경은 모두 66권으로서 대략 1,500년에 걸쳐 기록되었으며, 모든 권에는 하나님의 마음과 생각과 가치관과 목적이 드러나 있습니다. 하나님께서는 기록된 말씀을 영원히 존중하십니다. 하나님께서는 '기록하시는 하나님'이시기 때문입니다.

거듭거듭 하나님께서는 뭔가를 기록하기도 하시고 기록하라고 명하기도 하십니다. 하나님께서는 모든 그리스도인의 이름이 기록된 생명책을 가지고 계십니다(빌립보서 4:3 참조). 천국에는 그 책말고 다른 책들도 있습니다(요한계시록 20:12 참조). 하나님께서는 친히 돌판에다 십계명을 기록하셨습니다(출애굽기 32:15-16 참조). 또한 백성들에게 이렇게 지시하기도 하셨습니다. "그러므로 이제 너희는 이 노래를 써서 이스라엘 자손에게 가르쳐서 그 입으로 부르게 하여…"(신명기 31:19). 심지어 하나님께서는 자신을 경외하는 사람들의 대화 내용까지 기록하셨습니다(말라기 3:16 참조).

왜 기록하는 것이 그토록 하나님께 중요한지 궁금합니까? 분명한 것은 하나님께서는 기억하시는 데 도움이 되어서 기록하시는 것은 아닙니다. 틀림없이 우리의 유익을 위해서일 것입니다. 장차 천국에 가면, 하나님께서는 우리의 기도 내용이나 다른 사람과의 대화 내용을 기록한 두루마리를 소리 내어 읽게 하실지 모릅니다. 이를 통해, 우리는 이땅에 사는 날 동안 하나님께서 베푸신 크나큰 성실과 자비에 대해 하나님을 찬양하게 되는 것입니다. 정확한 이유가 무엇이든, 하나님께서는 영적 가치가 있는 것을 글자로 기록하는 것의 중요성을 친히 본으로 보여 주셨습니다.

경건의 시간에 기록을 하는 이유

경건의 시간에 기록을 하는 것은, 단지 한 구절을 당신의 손바닥에 옮겨 적는 것이든 아니면 컴퓨터에 입력하는 것이든 가치가 있습니다. 하나님께서는 이스라엘 왕들에게 다음과 같이 명령하셨습니다.

> 그가 왕위에 오르거든 레위 사람 제사장 앞에 보관
> 한 이 율법서를 등사하여 평생에 자기 옆에 두고 읽
> 어서, 그 하나님 여호와 경외하기를 배우며 이 율법
> 의 모든 말과 이 규례를 지켜 행할 것이라. 그리하면
> 그의 마음이 그 형제 위에 교만하지 아니하고, 이
> 명령에서 떠나 좌로나 우로나 치우치지 아니하리
> 니, 이스라엘 중에서 그와 그의 자손의 왕위에 있는
> 날이 장구하리라. (신명기 17:18-20)

나는 이 말씀을 읽고, '정말로 왕은 손수 사본을 하나 만들어야 한다는 의미인가? 그 일을 다른 사람에게 시켜도 되는 것은 아닌가?' 하는 생각이 들었습니다. 분명 왕은 신경 써야 할 중요한 국사(國事)가 많이 있었습니다. 사본을 만드는 일은 다른 사람에게 시키는 것이 더 현명하지 않을까요? 그래서 한 히브리 학자에게 물어 보았습니다. 그의 말에 따르면, 왕은 자신이 사용할 사본을 만들되, 몸소 시간을 들여 만들어야 했습니다. 손으로, 한 자 한 자 베껴 써야 했던 것입니다. 하나님께서는 하나님의 말씀을 존중하고 순종하는 일에서 왕이 백성들에게 본을 보이기 원하셨습니다. 왕은 손수 기록한 사본을 손닿는 곳에 두고, 사는 날 동안 그 사본을 읽어야 했습니다. 과연 어느 왕이 자기 사본을 만들었는지는 잘 모릅니다. 만약 시편 119편이 다윗의 작품이라면, 그는 자기 사본을 만들었을 법합니다.

기록을 할 때, 앞에 있는 성경 본문을 단지 그대로 옮겨 적고 있을지라도 또 다른 감각을 동원하고 있습니다. 바로

촉각을 동원하는 것입니다. 기록하는 것은 뇌의 더 많은 부분을 동원하게 합니다. 당신의 몸 전체가 더 온전히 참여합니다. 기록하는 것은 당신의 속도를 늦추어, 어떤 진리를 제대로 생각해 보지도 않고 건너뛰는 일이 없도록 해줍니다. 시간을 내어 기록을 하면 더 온전하게 당신 것이 됩니다. 기록하는 것은 어떤 생각이 당신 것이라는 표를 하는 것이기도 하지만, 더욱 중요한 것은 그 생각이 당신에게 표를 하도록, 다시 말해 당신에게 새겨지도록 한다는 것입니다.

경건의 시간에 무슨 '작가'가 되어야만 펜과 종이로부터 유익을 얻는 것은 아닙니다. 갈겨 쓴 글, 그림, 표, 짧은 글도 하나님께서 주시는 아이디어들을 보다 잘 정리하고 더 자세히 생각하도록 도와줄 수 있습니다.

기록하는 것은 묵상을 촉진한다

단지 본문을 옮겨 적는 것도 유익이 있다면, 하나님의 말씀을 깊이 생각한 결과를 기록하는 것이야 얼마나 더 유익이 있겠습니까? 헨리 누원은 이렇게 설명했습니다. "기록하는 것은 진정한 영적 훈련이 될 수 있다. 기록하는 것은, 우리를 도와서 집중하게 하고, 마음속 깊은 곳에서 일어나고 있는 것을 다루며, 생각을 명료하게 하고, 혼란스럽게 하는 감정을 정리하고, 자신의 경험을 돌아보며, 우리 삶을 아름답게 표현하고, 의미 깊은 사건을 기억 속에 저장하게 해준다."

생각이란, 정확하게 전달하는 데 딱 맞는 단어가 선택될 때까지는 모호한 상태에 머물러 있을 수 있습니다. 성경 말씀을 옮겨 쓰고, 당신의 질문, 관찰, 묵상, 그리고 결론을 기록하십시오. 생각이 글자 형태로 바뀔 때, 종종 구체적이고 아주 개인적인 적용이 떠오릅니다. "어떤 것을 글로 써보면 두 배로 생생해진다"라는 말이 있습니다.

기록하는 것은 기억에 도움이 된다

하나님께서는 백성들에게 '기억하라'고 거듭해서 말씀하십니다. 불행히도, 옛날이나 지금이나 우리 인간들은 잊어버리는 데 명수입니다. 특히 삶에서 가장 중요한 것들을 잊어버립니다.

우리는 대부분 기록되어 있는 '할 일 목록'이나 주소록, 또는 기억을 돕기 위해 강의 시간이나 사업상의 모임 같은 데서 작성한 메모의 가치를 알고 있습니다. 스코트는 사업가인데, 메모를 하는 것은 여행을 하면서 사진을 찍는 것과 같다고 합니다. 메모는 지나간 일을 회상하고, 기억하고, 다시 즐길 수 있게 합니다. 이와 같은 유익을, 하나님과 갖는 시간에 기록하는 것을 통해서도 얻을 수 있습니다. 훗날을 위해 기록으로 남겨 둠으로써, 우리는 하나님께서 경건의 시간에 주신 축복들에 대해 더 나은 청지기가 됩니다. 기록을 하는 것은 우리 마음을 표현합니다. 하나님과의 만남을 진지하게 여기는 마음, 말씀을 묵상하고 그 의미를 알고 적용하고자 하는 마음을 표현하는 것입니다.

예를 들어 보겠습니다. 이스라엘 백성들이, 여행 장비들 사이에 숨어 있는 키 큰 사나이를 왕으로 삼을 때(사무엘상 10:22-25 참조), 사무엘 선지자는 그 과정에다 기록하는 일을 포함시켰는데 이는 참으로 지혜로운 일이었습니다. "그

때 사무엘은 왕의 권리와 의무가 무엇인지 백성들에게 말하고 그것을 책에 기록하여 여호와 앞에 두고…"(사무엘상 10:25, 현대인의 성경). 이 책은 하나님께서 의도하시고 기대하시는 바가 무엇인지 상기시켜 주었습니다. 뿐만 아니라, 하나님께서 백성들과 맺은 언약을 상징적이고 가시적인 것을 통해 상기시켜 주었습니다.

사무엘처럼 당신도 현 상황에 대해 말해 주는 성경 구절들을 옮겨 적으십시오. 중요한 결정을 앞두고 있다면, 하나님께서 함께하시고 인도하신다는 것을 보여 주는 구절들을 기록하면 됩니다(예를 들면, 신명기 31:6, 시편 16:8, 시편 32:8, 잠언 3:5-6, 이사야 41:10 등).

기록해 둔 것은 실상을 알려 준다

영적 깨달음은 모두 하나님의 선물입니다. 영적 진리는 신령한 수단을 통해 깨닫게 되는데, 이를 당연한 것으로 여겨서는 안 됩니다. 애석하게도 매우 중요한 진리도 얼마 있지 않아 기억 속에서 희미해지고 맙니다. 메모를 해두면 하나님께서 깨닫게 해주신 것을 꽉 붙잡는 데 도움이 됩니다. 경건의 시간에 깨달은 것을 기록으로 보존해 두면, 거듭해서 그 기록을 펼쳐 봄으로 당시에 깨달은 것을 상기할 수 있습니다.

나는 오래 전부터 이전에 기록했던 경건의 시간 노트를 주기적으로 꺼내어 읽어 보곤 합니다. 3개월 혹은 3년 전에는 하나님께서 무슨 말씀을 해주셨는지 알기 위해서입니다. 읽다 보면 후회가 되어 마음이 아플 때가 자주 있습니다.

하나님께서는 당시에 나에게 깨달음이나 교훈을 주셨는데, 비록 감사함으로 받기는 했어도 이를 가볍게 취급했고, 그리하여 당시에 깨달은 것에는 신경 쓰지 않고 새로운 것을 깨닫는 데만 관심을 가져 왔던 것입니다.

지난날의 경건의 시간에 기록했던 것을 읽으면, 오래 전에 깨달아 마음을 각성시켜 주었던 내용들이 다시 내 마음을 뜨겁게 해줍니다. 그것들은 하나님께서 나에게 해주신 말씀입니다. 이러한 깨달음들은 하나님의 선물인데, 나는 그것들에 주의를 기울이고, 다시 깊이 생각하며, 현 상황에 비추어도 보고, 가지고 기도를 하며, 다시 새롭게 적용하기도 합니다.

이전에 기록해 둔 것을 훑어보면 주제와 줄거리가 드러납니다. 예를 들어 보겠습니다. 지난날의 경건의 시간 노트를 죽 훑어볼 때 어떤 죄의 패턴이 드러나기도 합니다. 이전에는 깨닫지 못했던 것입니다. 어떤 죄가 어쩌다 고개를 내미는 것이 아니라, 삶 전반에 걸쳐 계속 나타나고 있다는 것을 알게 되는 것입니다. 같은 죄를 자꾸 범했다는 사실이 주의를 끕니다. 그런 죄는 어쩌다 하는 실패가 아니라, 뿌리가 잘 박힌 잡초와 같습니다. 이처럼 정기적으로 이전의 기록 내용을 다시 살펴보고 반성해 봄으로, 나는 자신의 필요를 깨달으며, 죄를 자백하고, 그리고 하나님께서 그 영역에서 역사해 주시도록 다시 하나님을 의뢰합니다.

기록하는 것은 우리가 무엇을 생각하고 있는지도 알게 도와줍니다. 이 말은 우습게 들리지만 참말입니다. 소설가인 E. M. 포스터는 "내가 말하고자 하는 바를 눈으로 보기 전까지는 어떻게 내가 생각하는 바를 알겠는가?"라고 썼습니다. 기록하기 시작하면, 눈앞의 종이에 씌어지고 있는 것은 '우리가 알고 있는 것에 대한 증거'요 '우리가 모르고 있는 것에 대한 자각'입니다. 종이와 펜은, 우리가 생각하고 있는 것이 무엇이며 우리가 알고 있는 것과 모르고 있는 것이 무엇인지를 우리 자신에게 드러내 보여 줍니다.

무엇을 기록할 것인가

그림, 차트, 스케치

어떤 것을 통해 잘 배우는가 하는 것은 사람마다 다른데, 시각적인 것을 통해 잘 배우는 사람들이 많습니다. 그림, 도표, 차트, 만화 등은 진리를 더 명확하게 파악하는 데 도움이 됩니다. 당신도 시각적인 것을 통해 잘 배운다면, 스케치를 하거나 생각을 그림으로 표현해 보십시오.

생각을 그림으로

시편 3편을 공부할 때였습니다. 나는 상자를 하나 그린 후에, 각 면을 기도, 휴식, 일, 신뢰라고 이름 붙였는데, 그 진리를 시각적으로 이해하는 데 도움이 되었습니다.

4절 : "내가 나의 목소리로 여호와께 부르짖으니 그 성산에서 응답하시는도다." (기도)
5절 : "내가 누워 자고." (휴식)

> 5절 : "깨었으니 여호와께서 나를 붙드심이로다." (일)
> 6절 : "…나는 두려워 아니하리이다." (신뢰)

"눈덩이 굴리듯"

야구공만한 눈 뭉치를 눈 위에서 굴리면 눈이 한 겹 또 한 겹 입혀지면서 점점 더 커집니다. 이처럼 경건의 시간을 통해 깨닫게 된 내용도 시간이 흐르면서 점점 풍성해져 갑니다. 당신이 깨어 있기만 한다면 말입니다. 기록하는 것은 당신의 통로를 열어 두며 안테나를 세우게 합니다. 그리하여 어떤 주제에 대한 이해를 더해 주는 것들을 잘 받아들일 수 있게 합니다. 예를 들어 보겠습니다. 성경을 읽다가 본문 내용에 관해 질문이 떠오를 수도 있고, 본문에 관한 흥미로운 생각이 떠오를 수도 있습니다. 당신은 그 질문이나 생각을 노트에 간단히 적어 둡니다. 그 후, 다음날 성경을 읽을 때 더 깨달음을 얻을 수도 있습니다. 주일날 설교 시간에 목사님께서 또 한 겹의 이해를 덧입혀 줍니다. 라디오 설교가, 찬송가 가사가, 친구가 해준 한마디가 한 겹 또 한 겹 이해를 덧입혀 줍니다. 계속 이해를 덧입혀 가면 야구공만했던 이해의 수준이 마침내 눈사람만한 크기로 됩니다.

기록을 해나가면 이해에 이해를 더해 가는 데 도움이 될 뿐 아니라, 그 이해의 '눈덩이'에서 다른 사람에게 '눈'을 나누어 주기도 더 쉽습니다. 기록을 통해 생각이 더 명료해지고 정리가 잘 됨에 따라, 우리는 다른 사람을 부요케 해줄 조그만 소포를 발송할 수 있습니다. 작가인 질 브리스코는 주소록과 우편엽서 묶음을 앞에 두고 이렇게 기도한다고 합니다. "제게 이 진리가 필요한 것만큼이나 지금 이 진리가 필요한 사람이 있으면 알려 주옵소서." 그러면 종종 그런 사람이 떠오르고, 자기가 경건의 시간에 깨달은 내용을 앉은자리에서 엽서에 적어 보낸다고 합니다.

종이, 펜, 기도 목록
이따금 종이 한 장이 나의 믿음을 더해 주곤 합니다. 바로 옛날의 기도 목록인데, 오래 되어 색깔이 누렇게 바랜 것입니다. 이런 보물이 옛날 노트나 성경 속에 끼어 있다가 발견될 때 나는 깜짝 놀랍니다. 까맣게 잊고 있었던 기도가 응답된 것을 알게 됩니다. 나는 하나님을 찬양하게 되고, 기도에 전적으로 드려지기로 새롭게 다짐합니다. 하나님께서 내 기도를 들으시며 신비하게도 내 기도가 하나님의 마음을 움직인다는 것을 알았기 때문입니다.

날마다 문제는 있게 마련이고, 그래서 나는 그날의 염려 거리를 하나님께 아룁니다. 불행히도, 나는 불과 얼마 전에 마음을 심히 힘들게 했던 것도 잊어버리곤 합니다. 자연스러운 일입니다. 나는 오늘의 문제에 사로잡혀 있으며, 어제 무슨 염려를 했던지는 별로 생각이 나지 않습니다. 나는 눈앞의 환경에 초점을 맞추고 살아가게 마련이고, 뒤를 돌아볼 겨를이 없습니다. 이전에 기도 응답 받은 것은 대개 잊어버리고 삽니다. 비록 내가 하나님께서 하신 일을 돌아보기 위해 시간을 낸다 해도, 이전에 했던 기도를 기억해 낸다는 것은 쉬운 일이 아닙니다. 더군다나 하나님께서는 종종 뜻밖의 방법으로 응답하시며, 그래서 응답이 왔는데도 내가 알아차리지 못할 수가 있습니다.

지나간 기도 목록들을 다시 살펴보면 기억이 새로워지고, 내 기도에 응답하여 하나님께서 하신 일을 알 수 있게 됩니다. 이를 통해 나의 믿음의 근육은 튼튼해지고 하나님을 신뢰하고자 하는 마음이 새로워져서 현재의 환경에 잘 대처할 수 있게 됩니다. 기도 목록을 기록해 두면, 훗날 기억할 수 있을 뿐 아니라, 믿음 성장을 촉진하며, 또한 이후 세대들을 위해 기록도 남기게 됩니다.

한때 낸시는 회계 장부를 사용하여 기도 제목과 응답 내용을 기록했습니다. 요즘은 조그만 스프링 노트를 사용하는데, 그것을 핸드백에 넣어 가지고 다니거나 전화기 옆에 둡니다. 누가 기도를 해달라고 부탁하거나 어떤 필요가 발생하면, 잊어버리기 전에 그 기도 제목을 적어 둡니다. 낸시는 여러 가지 색깔의 형광펜을 사용하여 영역을 구분합니다. 가족, 다른 사람들, 행사, 기타 등등. 기도 응답이 오면 그 기도 제목 위에 줄을 긋습니다. 쉽게 그는 가족을 위한 기도 제목을 훑어볼 수도 있고, 응답이 와서 찬양할 제목들을 알 수도 있습니다.

남편은 고무 밴드로 묶은 색인 카드를 사용하는데(고무 밴드가 없으면 어떤 것을 사용할까요?), 이는 기도 시간을 체계적으로 갖는 데 도움이 되기 때문입니다. 그는 주장할 약속의 말씀들을 성경에서 뽑아 각 카드에 기록하는데, 그 말씀들은 기도할 때 특별한 중요성을 갖는 말씀입니다. 그는 또 한 벌의 카드를 가지고 있는데, 거기에는 매일 기도해 주어야 하는 사람들의 이름이 적혀 있습니다. 각 사람의 이름 밑에는 그 사람을 위해 기도해야 할 구체적인 내용을 기록해 나갑니다. 그는 매일 기도해 주는 사람들을 위한 카드로 죽 기도한 후에는, 또 한 벌의 카드를 가지고 기도하기 시작합니다. 그 카드는 정기적으로 기도해 주는 넓은 범주의 사람들을 위한 것입니다. 이전에는 매일 기도할 제목을 적은 카드는 다른 카드와 쉽게 구분되도록 색깔을 달리한 적도 있습니다. 기도 응답이 오면, 그 날짜와 어떻게 응답되었는지를 기록합니다.

기도문 작성

필리스는 때때로 레스토랑에서 경건의 시간을 갖습니다. 그러다 보니, 기도문을 작성하는 것이 마음이 분산되는 것을 막아 주고, 하나님께 말씀드린 것을 기록으로 남겨 준다는 사실을 알게 되었습니다.

어거스틴(354-430)은 일련의 감동적인 기도문을 기록했는데, 자신을 돌아보는 기도입니다. 이 기도문은 '참회록'이라는 이름이 붙어 있는데 오랜 세월 동안 교회에 영향을 미쳐 왔습니다. 이 기도문을 통해, 어거스틴은 하나님 앞에서 자신의 삶을 살펴보고 자신의 마음을 있는 그대로 하나님 앞에 드러내었습니다.

어거스틴처럼 기도문 작성을 통해 당신의 삶을 의식적으로 그리고 찬찬히 돌아보도록 하십시오. 예수님을 처음 믿었을 때의 삶을 돌아보십시오. 하나님께서 얼마나 은혜로운 방법으로 당신을 주님께로 이끄셨는지 깊이 생각해 보십시오. 어떻게 당신으로 하여금 구원의 필요성을 깨닫게 해 주셨는지 돌아보십시오. 당신 삶에 있었던 획기적인 사건들을 기록해 보십시오. 예를 들면, 기도 응답들, 처음으로 성탄절 노래를 듣고 그 가사의 놀라운 의미를 깨닫고 감사를 느꼈던 일, 견디기 힘들었던 시기에 하나님께서 보여주셨던 인자하심 등등.

성경에 나오는 기도를 그대로 옮겨 적어 보십시오(에베소서 1:17-19, 3:16-19, 빌립보서 1:9-11, 골로새서 1:9-12, 데살로니가후서 1:11-12, 빌레몬서 4-7절 참조). 이 기도를 기초로 하여 기도해 보십시오. 바울의 기도에다 당신이 기도해 주는 사람의 이름을 넣어 기도해 보십시오. 예를 들면, 이렇게 기도할 수가 있습니다. "영화로우신 아버지 하나님, 매트에게 지혜와 계시의 정신을 주셔서 그 애가 주님을 더 잘 알게 해주소서. 그 애의 마음의 눈을 밝혀 주셔서 주님의 부르심의 소망과 주님의 영광스러운 기업의 풍성함을 알게 해주소서"(에베소서 1:17-18에 근거한 기도).

일지 기록

전시대를 걸쳐 많은 사람들이 일지를 기록했습니다. 자기 삶을 좀더 잘 살펴보기 위해서였습니다. 어떤 사람들은 자신의 일지를 일기로 사용하여, 삶에 있었던 사건, 했던 여행이나 일 등을 기록하기도 합니다. 예수님을 따른 많은 이들이 일지를 사용하여 자신의 영적 여정을 기록했는데, 이는 다행스러운 일입니다. 그 일지들은 그들에게 귀중했고, 지금은 우리에게 귀중하기 때문입니다. 우리는 다른 사람들의 어깨 너머로 그들의 일지를 읽어 봄으로, 그들의 영적 싸움과 지혜로부터 유익을 얻습니다.

존 웨슬리는 부지런히 일지를 기록했는데, 26권의 책으로 묶여 있습니다. 그는 그 일지에다 자신의 비전과 아이디어, 선교 활동, 기도 응답, 성경에서 깨달은 것, 그리고 자기 삶에서 하나님께서 이루신 놀라운 일 등을 기록했습니다. 다음은 1744년 12월 23-25일자 일지에서 발췌한 것입니다.

> 스노우즈필드에서 기도문을 읽고 있을 때, 빛과 능력이 함께하는 것을 느꼈다. 내 기억으로는 이전에는 그런 경험을 한 적이 없다. 나의 행동이나 말뿐만 아니라 모든 생각까지도 눈에 보이듯 했는데, 마치 그것은 내 마음속에서 위로 떠오르듯 했다. 그리고 그것이 하나님 앞에서 옳은 것인지 교만과 이기심으로 더럽혀진 것인지 볼 수가 있었다. 나는 그 이전에는 '하나님 앞에 가만히 있는 것'이 어떤 것인지 결코 알지 못했다.

뉴욕 타임스는 일지 작성의 가치에 대한 기사를 실었는데, 제임스 페너베이커 박사의 연구 결과를 인용하고 있었습니다. 그의 연구는 일지 쓰기가 우리의 육체적 정신적 건강을 위해 유익하다는 것을 보여 주었습니다. 정신적으로 충격적인 경험을 했을 때도 느끼는 바를 기록해 보면 감염과 바이러스에 대항하는 T세포의 수치를 높여 준다는 사실이 밝혀졌습니다. 어떻게 그런 효과가 있을까요? 우리가 가진 문제들이 정의되지 않는 한, 우리의 생각은 자기 꼬리를 물려고 뱅뱅 도는 개와 비슷할 때가 많습니다. 돌고 또 돌듯이 우리의 생각은 계속 맴돌고, 생각에 생각을 거듭하나, 해결을 향해서는 조금도 더 가까이 가지 않습니다. 상황을 글로 적어 보는 것이 더 객관적으로 생각하는 데 도움이 됩니다. 이는 우리의 생각을 체계화하고 우리 생각에 있는 오류를 발견하는 데 도움이 됩니다.

예수 그리스도를 따르는 자들에게 있어서, 일지 기록은 종이 위에다 '모든 것을 쏟아 놓는 수준'에서 더 나아가야 합니다. '모든 것을 쏟아 놓는 것'도 일면 도움이 되기는 하겠지만, 하나님께서는 우리 삶이 하나님과 더 깊은 연관성을 갖기 원하십니다. 하나님의 진리에 따라 우리 생각이 바뀌고, 하나님의 목적에 따라 우리 행동이 바뀌기 원하시는 것입니다. 눈앞의 종이 위로 쏟아져 나오는 생각을 읽을 때, 성령께서는 종종 우리 어깨 너머로 그것을 읽으시며, 그 위에 성경적 진리가 기록된 반투명 종이를 겹쳐 보시듯 하십니다. 그리고 이렇게 말씀하십니다. "나는 네가 어떻게 느끼는지를 알고 있다. 하지만 그건 사실이 아니다." (그리고 나서 종종 성경 구절 하나를 상기시켜 주십니다.) "너의 생각을 바로잡도록 하여라." (그리고 나서 격려해 주시고 지시하십니다.) "믿음으로 행하여라." "나를 신뢰하여라." "사랑을 보여라." "내가 너와 전적으로 함께하고 있음을 기억하여라." "두려워하지 않도록 하여라." "담대하여라." 일지 쓰기의 과정을 통해, 우리는 자연스런 인간적 생각에서 진리로, 혼돈에서 질서로 나아갑니다.

　바브는 경건의 시간을 갖는 것이 몸에 배어 있었습니다. 그런데 바브는 삶에서 감정적 어려움을 겪게 되었습니다. 마지막 남은 두 딸이 집을 떠나자, 그는 텅 빈 옷장을 들여다 보며 멍하니 서 있었습니다. 경건의 시간을 가지려고 해도 집중이 되지 않았습니다. 그때 바브가 알게 된 것은, 혼란스 럽게 하는 여러 감정에 대해 기록하는 것이 그 감정들을 해결하는 데 도움이 된다는 것이었습니다. 자기 속에 있는 생각과 느낌이 종이 위에서 명확하여짐에 따라, 그 생각과 느낌은 결국 이전과 같은 경건의 시간으로 돌아가는 다리가 되었습니다.

　남편은 경건의 시간을 시작할 때 그 전날을 돌이켜봅니 다. 그는 앉아서 노란 필기첩을 무릎에 놓고 기록을 합니다. 전날에 있었던 여러 일을 기록하고, 각각의 의미나 중요성 을 생각해 봅니다. 전날에 대해 생각하면서, 취해야 할 행동 이나 자백하고 고쳐야 할 태도 등을 기록합니다. 이렇게 찬찬히 돌아보고 나서, 그는 기도도 하고, '할 일 목록'에 기록도 하며, 관계된 말씀을 성경에서 찾아 읽기도 합니다. 이런 식으로 날마다 반성을 해봄으로써 그는 실제 삶에 토 대를 둔 경건의 시간을 갖게 됩니다. 어제의 교훈이 오늘의 삶에 적용됩니다. 그의 일지는 그가 더 온전한 삶을 살게 도와줍니다. 경건의 시간이 그가 하는 모든 것과 관계가 있습니다.

일지 기재 사항의 예

경건의 시간 노트는 하나님께로부터 온 생각을 붙잡아 둘 수 있는 놀라운 장소입니다. 내가 하나님과 더불어 한나절의 시간을 가지면서 기록한 일지의 한 부분을 소개합니다.

1998년 4월 28일
히브리서 4:14-16: "그러므로 우리에게 큰 대제사장이 있으니 승천하신 자 곧 하나님 아들 예수시라. 우리가 믿는 도리를 굳게 잡을지어다. 우리에게 있는 대제사장은 우리 연약함을 체휼하지 아니하는 자가 아니요, 모든 일에 우리와 한결같이 시험을 받은 자로되 죄는 없으시니라. 그러므로 우리가 긍휼하심을 받고 때를 따라 돕는 은혜를 얻기 위하여 은혜의 보좌 앞에 담대히 나아갈 것이니라."

나의 생각: 나의 연약함은 문제가 아니다. 오히려 나의 '강함'이 문제이다! 예수님께서는 나의 연약함을 체휼하실 수 있다. 예수님께서는 나와 똑같이 유혹을 받아 보신 것이다. 예수님께서는 나에게 담대히 예수님 앞에 나오라고 하셨다. 다음과 같은 이유 때문이다. 예수님께서는,
　. 유혹을 받아 보셨으므로 나를 체휼하신다.
　. 죄가 없으시다.
　. 온전한 제사를 드리셨다.
　. 자비와 은혜를 거저 베푸신다.

승천하신, 하나님의 아들이신 지혜이신 예수님, 제가 주님 앞에 나아갑니다.

또한 연약함은 내가 축복으로 나아가는 길이기도 하다. 마태복음 5:3-10에서, 주님께서는 심령이 가난하고, 애통하고, 온유하고, 주리고, 목마르고, 핍박받는 자에게 복을 약속하고 계신다.

고린도후서 12:9-10: "내게 이르시기를, '내 은혜가 네게 족하도다. 이는 내 능력이 약한 데서 온전하여짐이라' 하신지라. 이러므로 도리어 크게 기뻐함으로 나의 여러 약한 것들에 대하여 자랑하리니, 이는 그리스도의 능력으로 내게 머물게 하려 함이라. 그러므로 내가 그리스도를 위하여 약한 것들과 능욕과 궁핍과 핍박과 곤란을 기뻐하노니, 이는 내가 약한 그때에 곧 강함이니라."

나의 생각: 내게 있는 문제의 첫 가운데 하나는, 약하고 궁핍한 사람이 아니라 강하고 능력 있는 사람이 되고 싶어하는 것이다. 고민의 뿌리는 자기 만족, 자기 과신, 자기 사랑, 자기 이익 추구, 자기 방어이다.

시편 32:9: "너희는 무지한 말이나 노새같이 되지 말지어다. 그것들은 재갈과 굴레로 단속하지 아니하면 너희에게

> 가까이 오지 아니하리로다."
>
> 나의 생각: 내가 무지한 자가 아니라면 하나님의 도우심이
>   필요함을 인정하고 외부 압력이 없어도 하나님께로 나아갈
>   것이다. 그래서 경건의 시간이 중요하다. 나 자신이
>   부족한 존재라는 것, 그리고 나의 약함은 하나님께서
>   능력을 나타내실 수 있게 한다는 것을 상기하기
>   위해서이다.

전 시대에 걸쳐 수많은 그리스도인들이 펜과 종이(또는 그와 비슷한 것)를 사용하여 하나님과의 개인적인 역사를 기록했습니다. 시편이 좋은 예입니다. 시편은 노래 또는 시인데, 다윗이 하나님과 나누었던 친밀한 교제를 자세히 보여 주며, 우리를 위해 간직되어 왔습니다. 시편은 다윗의 통찰, 간구, 찬양, 실패, 의문, 갈등, 소망 등을 보여 줍니다. 오늘날을 사는 우리도 기록하는 것을 통해 유익을 얻을 수 있습니다.

말씀을 읽고 기도하십시오. 그리고 한 단계 더 나아가십시오. 당신이 배우고, 생각하고, 기도하고, 질문을 던지고 있는 것의 내용과 핵심을 기록으로 남기십시오. 기도문을 작성해 보거나 읽은 것에 대한 메모를 남기도록 해보십시오. 실험을 통해 어떤 아이디어가 현재의 삶에 잘 맞는지 알아보십시오. 펜을 드십시오. 하나님과 함께하는 경험에서 피상적 수준을 벗어나 더 깊은 수준으로 나아가십시오.

요 약

기록하는 것은 성경적인 아이디어입니다. 경건의 시간에 내용을 기록하는 훈련을 하십시오. 기록을 함으로써, 그 시간에 계속 몰두하는 데 도움을 받을 수 있으며 하나님께서 주시는 교훈의 더 나은 청지기가 될 수 있습니다. 기록하는 것을 통해 기도 시간에 체계와 신선함을 더하십시오.

개인 적용을 위한 도움말

당신은 성경에 표시를 하기로 했을 수도 있고, 영적 여정을 일지로 기록하기로 했을 수도 있으며, 기도문을 작성해 보기로 했을 수도 있고, 이 장에 소개된 다른 어떤 아이디어를 사용하기로 결심했을 수도 있습니다. 어쨌든 경건의 시간에 필기도구를 사용해 보십시오. 잠시 시간을 내어, 이번 주에 이 장의 내용 중에서 무엇을 적용할지 구체적으로 기록해 보십시오.

기억하십시오. 꾸준히 주님과 만나고 있고 영적 식욕이 충족되고 있다면, 굳이 기존 방식을 바꾸거나 무엇을 더 첨가할 필요는 없습니다.

묵상과 토의를 위한 질문

1. 경건의 시간에 기록을 하는 이유 가운데 당신에게 가장 중요한 것은 무엇입니까?

2. 이 장에 있는 아이디어 가운데 이번 주 하나님과 만나는 시간에 활용할 것은 어떤 것입니까?

3. 경건의 시간 노트에 기록을 하는 것이 지금까지 당신과 주님의 관계를 어떻게 향상시켜 왔습니까?

4. 경건의 시간에 기록을 하는 것과 관련하여 당신이 부딪히고 있는 문제는 어떤 것입니까?

5. 하루는 경건의 시간을 할애하여 이전의 기록 내용을 죽 읽어 보십시오. 당신에게 다시 주지시키거나 격려해 주거나 도전해 주는 것이 있습니까?

6. 다음 구절들을 살펴보십시오. 경건의 시간에 기록하는 것은 중요한데, 이 구절들은 그러한 확신을 어떻게 강화시켜 줍니까? 신명기 6:9, 10:2, 17:18-20, 27:2-3,6-8

제 7 장
영적으로 메마를 때

몇 년 전의 일입니다. 남편이 미국 동부 해안의 한 도시에서 수술을 받게 되어 함께 그곳으로 갔습니다. 그 도시에는 아는 사람이 아무도 없어서, 나는 병원에서 가까운 한 호텔에 혼자 투숙하게 되었습니다. 하루의 대부분을 남편의 병상을 지키고, 저녁이 되면 호텔 방으로 돌아왔습니다. 여느 때 같았으면 혼자 있는 그런 시간을 좋아했겠지만, 그때는 달랐습니다. 텅 비어 있는 그 방은 마치 내 마음속의 공허감을 나타내고 있는 듯했습니다. 거기서 며칠을 지내면서 보니까 나는 단순한 결정도 못 하고 있었습니다. 나는 단지 점심에 무엇을 먹을지 결정하지 못해 식당 주위를 왔다갔다하면서 방황하곤 했습니다. 아침저녁으로 주님을 만났지만, 주님과 함께하고 있다는 느낌은 별로 없었습니다.

원래 의사는 일주일만 입원하면 된다고 했습니다. 수술은 잘 되었지만, 여러 가지 사정으로 1주일 후에도 남편은 퇴원하지 못했습니다. 2-3일은 더 입원해야 한다는 것이 의사의 생각이었습니다. 피곤하고 실망도 되어, 잠시 눈을 붙이려고 호텔 방으로 돌아왔습니다. 그런데 호텔 관리인이 문을 쾅쾅 두드리는 바람에 깜짝 놀랐습니다. 언제 방을 비워 줄 것인지 물을 때 나는 더 놀랐습니다. 나는 그 방을 7일간만 예약했던 것입니다. 예약 기간은 끝났습니다. 그 호텔에는 빈방이 하나도 없었습니다. 마음속에 동요가 일어나고 나는 그만 주저앉을 것만 같았습니다. 하나님의 은혜와 평안은 도대체 어디로 갔습니까?

아무리 봐도 하나님께서는 은혜와 평안을 거두어 가신 것 같고, 나(감정적 동요에 휩싸여 있는 나)를 범죄가 빈발하는 도시에서 '머물 곳도 없는 신세'가 되게 내버려두시는 것 같았습니다. 하나님의 평안과 은혜는 내가 늘 누렸던 선물이요 당연한 것으로 여겼던 선물이었습니다. 너무나 약해지다 보니, '하나님의 사랑의 보살핌을 받지 못하고 계속 지내게 되는 건 아닐까?' 하는 생각이 언뜻 들기도 했습니다. 그러한 처지에서 나는 곤궁했고 하나님의 역사가 꼭 필요했습니다. 하나님께서 나를 버리지 않으셨다는 것은 알고 있었지만, 나와 함께하고 계신다는 증거는 도무지 찾아 볼 수가 없었습니다. 하나님의 살아 있는 말씀을 읽었지만, 나무토막처럼 딱딱하게만 느껴졌습니다. 기도를 하려고 했지만, 목에 걸려서 나오지 않았습니다. 그러나 그러한 최악의 상황에서도, 나는 하나님께서 가까이 계시나 단지 눈에 보이지 않을 뿐임을 알고 있었습니다. 또한 나를 붙들고 계신다는 것도 알고 있었습니다. 단지 편안한 느낌이나 승리감이 없을 뿐이었습니다. 이 이야기의 나머지 내용을 소개하면, 하나님께서는 나를 떠나지 않으시며 사랑으로 함께하심을 모든 일을 통해 보여 주셨습니다. 청교도인 존 플레이벌은 이렇게 썼습니다. "그대의 하나님께서는 얼굴을 돌리실지는 몰라도, 팔을 거두지는 않으신다."

그리스도인들은 누구나 하나님께서 멀리 계신 것 같고 영적인 것들에 대해 무감각한 것 같은 때를 경험합니다. 극단적으로는, 이러한 때를 '영혼의 캄캄한 밤'이라고 부르기도 합니다. 청교도들은 이러한 황량한 시기를 '하나님께서 버리신 때'라고 불렀습니다. 그들의 신학에 문제가 있었던 것은 아닙니다. 그들도 우리처럼 알고 있었습니다. 하나님께서 "내가 과연 너희를 버리지 아니하고 과연 너희를 떠나지 아니하리라"(히브리서 13:5)라고 하신 것을 말입니다. 그러나 또한 그들이 알고 있었던 사실은, 때로 하나님께서는 자신의 임재를 느끼지 못하게 하실 수 있고 또 실제로 그렇게 하시며, 그리하여 메마름과 고독감과 공허감을 느끼도록 내버려두신다는 것입니다. 1832년, 로버트 맥체인은 일지에서 그런 상태를 '헌신 없는 마음, 기도 없는 기도'라고 간결하게 표현했습니다.

1772년 4월 11일, 프랜시스 애즈버리는 다음과 같이 썼습니다. "공부에 대한 무관심, 안정되지 않은 마음, 심한 영적 둔감함, 기도에서 주춤거림을 느끼다. 주님, 뜨거운 열정을 주사 앞으로 나아가게 하시고, 왕성한 힘을 주사 벌떡 일어나게 하소서!"

영적 냉담함과 영적 메마름의 차이

영적 메마름이란 무엇입니까? 그것은 어디서 옵니까? 왜 하나님을 사랑하고 섬기는 사람들에게도 메마른 시기가 찾아옵니까?

영적 메마름과 영적 냉담함을 구분하는 것이 중요합니다. 그 둘은 같은 것이 아닙니다. 메마른 시기에는 하나님의 임재를 느끼지 못합니다. 말씀은 덤덤하게 다가오고 기도는 기계적입니다. 이전과 같은 친밀감을 느끼기 원하나 뜻대로 되지 않습니다. 한편, 영적 냉담함은 하나님께서 지적하신 죄에 집착하고 거기서 돌아서기를 거부할 때 찾아옵니다. 냉담한 영혼은 하나님의 것들에 대해 열정이 없고, 강퍅하고 반항적입니다.

물론, 우리 삶에는 늘 죄가 있습니다. 아주 경건한 사람들도 범하는 죄가 있고, 부족한 덕목도 있습니다. 우리 가운데 하나님의 마음과 거룩함을 완벽하게 아는 사람은 없습니다. 그 누구도 마음과 성품과 힘을 다하여 온전하게 하나님을 사랑하지는 않습니다(신명기 6:5 참조). 그 누구도 흠 없이 이웃을 자기 몸처럼 사랑하지 않습니다(누가복음 10:27 참조).

영적 메마름과 영적 냉담함을 구분하는 것은 어려울 수가 있습니다. 당신이 경험하고 있는 것이 어느 것인지 잘 모르겠으면 주님께 여쭤 보는 게 좋습니다. "주님, 마음에 품고 있는 죄나(시편 66:18 참조) 자백하기를 거부하고 있는 죄(시편 32:3-5 참조)가 저에게 있습니까? 주님의 뜻과 성령의 음성에 의도적으로 불순종하거나 거스르고 있는 것이 있습니까?" 하나님께서 당신에게 있는 죄를 깨닫게 해주시면, 자백하고 그 죄로부터 돌아서십시오. 회개는 그리스도를 따르는 사람들에게는 삶의 일부입니다. 그것은 자신의 죄에 대해 하나님께 동의하는 것이며, 하나님의 뜻에 맞추기 위해 생각과 행동을 바꾸는 것입니다. 하나님께서 당신에게 원하시는 것을 알게 되면, 그것을 행하도록 하십시오. "자기의 죄를 숨기는 자는 형통치 못하나, 죄를 자복하고 버리는 자는 불쌍히 여김을 받으리라"(잠언 28:13).

그러나 영적 메마름에 대해서는 어떻게 해야 합니까? 성경은 믿음의 사람들도 영적 메마름을 경험했다는 것을 보여줍니다. 시편을 쓴 다윗에게는, 경건의 시간이 늘 신나는 시간만은 아니었습니다. 시편을 많이 읽어 나가지 않아도 알게 되는 것은, 다윗이 영적 거인이기는 해도 메마른 시기를 경험했다는 사실입니다. 하나님께서 함께 계시지 않은 것 같고, 멀리 계신 것 같고, 무관심하신 것처럼 보이는 시기를 경험한 것입니다. 시편 13편이 좋은 예입니다.

> 여호와여, 어느 때까지니이까? 나를 영영히 잊으시나이까? 주의 얼굴을 나에게서 언제까지 숨기시겠나이까? 내가 나의 영혼에 경영하고 종일토록 마음에 근심하기를 어느 때까지 하오며, 내 원수가 나를 쳐서 자긍하기를 어느 때까지 하리이까?… 나는 오직 주의 인자하심을 의뢰하였사오니, 내 마음은 주의 구원을 기뻐하리이다. 내가 여호와를 찬송하리

니, 이는 나를 후대하심이로다.(시편 13:1-2,5-
6)

다윗은 영적으로 메말랐지만 냉담했던 것은 아니었습니다. 비록 하나님께서 친밀하게 가까이 계신 것 같은 경험을 하지는 못했지만, 그는 계속 하나님께 질문을 던졌습니다. 다윗은 하나님이 멀게 느껴졌지만, 그러한 느낌 때문에 하나님께 자신의 깊은 감정을 쏟아놓지 못하거나 도움을 청하지 못하거나 하지는 않았습니다. 다윗은 자신이 보통 경험했던 바와 같은 달콤한 교제를 경험하지는 못했지만, 확신을 가지고 기도했으며 하나님의 한량없는 사랑을 신뢰했습니다.

욥은 고난을 당할 때, 하나님께서 함께하시지 않는 것 같은 느낌을 말로 표현했습니다. 우리가 알고 있듯이, 욥에게 시련이 온 것은 그가 의로워서였지 죄가 많아서가 아니었습니다. 고통 중에도 욥은 하나님을 신뢰했습니다. 비록 하나님이 멀리 계신 것처럼 보였으나, 다윗처럼 욥도 하나님께서 자기와 함께하고 계시며 하나님의 목적들을 이루고 계심을 알고 있었습니다(욥기 23:3-12 참조).

영적으로 깊이가 있고 경건한 사람들도 하나님께서 함께하신다는 느낌을 받지 못할 수가 있습니다. 그렇다면 그런 느낌을 받을 때 우리는 어떻게 생각해야 하겠습니까? 리처드 포스터는 영적 훈련의 축복에 관한 저서에서 다음과 같이 썼습니다.

영혼의 캄캄한 밤 속으로 들어갈 때 어떤 것이 따르는가? 메마른 느낌, 우울, 심지어 길을 잃은 것 같은 느낌일지 모른다. 그런 경험은 감정을 지나치게 의존하는 삶을 살지 않게 해준다. 오늘날 자주 들려오는 얘기는, 그러한 경험들은 피할 수가 있고 우리는 평안과 위로, 기쁨과 즐거움을 누리며 살아야 한다는 것인데, 이러한 생각은 오늘날의 많은 경험이 피상적인 것이라는 사실을 드러낼 뿐이다. 캄캄한 밤은 하나님께서 우리를 조용하게 하고 잠잠하게 하시는 방법 중 하나인데, 이는 우리 영혼에 내적 변화를 이루시기 위해서이다.

영적으로 메마른 시기가 반드시 영적으로 건강하지 않다는 것을 나타내는 것은 아닙니다. 메마른 시기가 즐겁지 않을 수는 있습니다. 하지만, 프랜시스 애즈버리, 존 웨슬리, 데이비드 브레이너드, 그리고 그 밖에 수많은 위대한 하나님의 사람들의 일지를 읽어 볼 필요가 있습니다. 읽어 보면, 누구에게나 메마른 시기가 찾아오고, 그런 시기는 적절하게 반응하기만 하면 유익을 가져온다는 것을 알게 됩니다.

메마른 시기는 왜 있는가

만약 그 원인이 죄가 아니라면(영적 거인들도 메마른 시기를 경험하므로) 이러한 시기에 대해 어떻게 생각해야 합니까? 왜 그런 시기가 있는 것입니까?

하나님을 찾도록 하기 위해

때때로 하나님께서 자신이 가까이 있다는 느낌을 거두어 가시는 것은 우리가 하나님을 찾는지 보기 위해서입니다. 어떤 때는 하나님을 더 갈급해하도록 하기 위해서입니다. 하나님께서 함께하신다는 느낌이 없을 때, 하나님과의 관계를 다시 생각해 보게 됩니다. 겨울에는 나무에 잎사귀가 달려 있지 않아 나무의 생김새가 더 선명하게 드러나듯이, 메마르고 황량한 상황은 그리스도 안에서 사는 삶의 진정한 모습을 새롭게 볼 수 있게 합니다.

하나님의 은혜를 기억하도록 하기 위해

메마른 시기를 만날 때면 하나님과 우리의 관계가 은혜로 주신 선물임을 다시 깨닫게 됩니다. 우리 자신의 힘으로는 그 관계를 맺을 수도, 지속할 수도, 유지할 수도 없습니다. 영적으로 활기찬 삶이란, 아침에 경건의 시간을 갖고, 성경공부를 하고, 우리 믿음을 다른 사람에게 나눈다고 해서 보장되는 것이 아닙니다. 영적으로 메마른 시기는 우리의 교만에 무자비한 공격을 가합니다. 영적 사막에서 우리는 하나님께서 우리 안에서 역사해 주시는 것이 절실하게 필요함을 깨닫습니다. "여호와께서 집을 세우지 아니하시면 세우는 자의 수고가 헛되며"(시편 127:1).

우리는 오아시스를 너무나 소망하지만, 그 푸르른 오아시스는 만약 우리가 그곳에 살 만한 자격이 있다고 생각하거나 그곳을 우리 노력으로 얻었다고 생각한다면, 실제로는 사막보다 더 위험합니다. 언제나 하나님께서는 겸손하고 심령에 통회하며 자신의 말씀에 떠는 사람들을 보살펴 주십니다. "…무릇 마음이 가난하고 심령에 통회하며 나의 말을 인하여 떠는 자 그 사람은 내가 권고하려니와"(이사야 66:2 참조). 이 구절에서, '가난하다'는 '겸허하다, 곤궁하다, 겸손하다'라는 의미가 있습니다. 그리고 '통회하다'라는 말에는 '얻어맞다, 절름발이가 되다, 불구가 되다, 기가 꺾이다'라는 의미가 있습니다. 승리하는 그리스도인에 대해 보통 연상하는 모습과는 판이합니다. 하지만 주님께서는 도움을 받고자 주님을 바라보는 연약하고 곤궁한 사람을 돕기 위하여 달려오십니다. 주님께서는 "내 능력은 너희의 연약함을 통해 가장 완전하게 발휘된다"고 하십니다(고린도후서 12:9 참조).

겸손해지고 통회하는 것은 우리 신뢰성을 떨어뜨리는 것이 아닙니다. 도리어 우리를 믿을 만하게 합니다. 그 두 가지를 통해 우리는 자신의 타락성을 직시하게 되며, 하나님의 자비와 은혜를 더 온전히 힘입게 됩니다.

신체적인 문제 때문에

신체적인 원인 때문에 메마른 시기가 찾아오기도 합니다. 우리의 신체적인 면, 영적인 면, 감정적인 면은 서로 복잡하게 연관되어 있습니다. 새로운 약물 투여, 피로, 호르몬 불균형, 혹은 기타 수많은 요소들이 주님과 갖는 시간에 영향을 줄 수 있습니다. "영적인 문제"는 실제로 의학적인 문제일 수 있습니다. 당신의 경우가 그럴지 모른다는 생각이 들면 의사를 만나 보십시오.

메마른 시기를 믿음으로 살아가려면

메마른 기간은 당신을 위한 하나님의 훈련 프로그램의 일부로서, 좀더 온전하게 하나님을 의지할 수 있게 합니다. "너희 중에 여호와를 경외하며 그 종의 목소리를 청종하는 자가 누구뇨? 흑암 중에 행하여 빛이 없는 자라도 여호와의 이름을 의뢰하며 자기 하나님께 의지할지어다"(이사야 50:10). 이것은 하나님을 경외하고 순종하는데도 여전히 흑암 즉 '캄캄한 밤'을 경험하고 있는 사람에게 하시는 말씀입니다. 그는 아마 하나님의 임재를 느끼지 못하고 있거나 분명한 인도를 경험하지 못하고 있을 것입니다.

삶의 다른 영역들과 마찬가지로 영적 메마름도 믿음으로 대처해야 합니다. 하나님께서는 사막 같은 마음을 변화시키십니다. "하나님께서 능히 광야에서 식탁을 준비하시랴?" 이러한 우리의 질문에 대한 답은 물론, 또렷하게 들려오는 "그렇다"입니다. 시편 78:19-31에서, 시편 기자는 백성들이 광야에서 방황할 때 하나님께서 그들의 필요를 친절하게 그리고 넉넉하게 공급해 주신 것을 자세히 설명하고 있습니다.

캄캄하거나 메마른 시기를 통과하고 있을 때, 하나님과 함께 견뎌 내도록 하십시오. 비록 느낌은 그렇지 않겠지만 하나님께서 가까이 계신다는 것을 믿으십시오. 하나님의 약속들을 믿으십시오. 하나님의 성품을 믿으십시오. 하나님께서는 당신을 버리시지 않습니다. 다시 용기를 갖게 하시고, 다시 고치시고, 다시 소생하게 하시고, 다시 힘을 주십니다. (회복되고 새로워지는 데 도움이 되는 말씀을 경건의 시간에 묵상하기 위해 알고 싶으면, 부록을 참조하십시오.)

　영적 메마름을 맛보고 있습니까? 낙심하지 마십시오. 지금도 하나님께서 당신 곁에서 동행하고 계십니다. 여전히 당신의 기도를 듣고 계십니다. 하나님께서는 메마른 시기를 사용하여, 당신이 보는 것으로 행하지 않고 믿음으로 행하는지를 보시며(고린도후서 5:7 참조), 느낌으로 행하지 않고 믿음으로 행하는지를 보십니다. 메마른 시기는 하나님과 더 가까워지게 합니다. 당신에게 주시는 것에 감사하는 마음으로 하나님께 나아가십시오. 비록 계속되는 영적 메마름을 주실지라도.

　친구인 폴의 말에 따르면, 몇 달이나 몇 해에 걸쳐 정기적으로 주님과 교제하다가 메마른 시기가 찾아오면, 그 메마름 속에도 안정과 평안을 느낀다고 했습니다. 계속 경건의 시간을 잘 가졌다면 '진리와 현실'이라는 실로 천을 짜온 셈이요, 그러한 천을 짜왔으면 영적 건조기에도 지탱할 수 있습니다. 그 사막 여행이 아무리 오래 지속된다 할지라도 겸손하게 하나님과 경건의 시간을 갖도록 하십시오. 비록 만나기로 한 장소에 당신 혼자 나온 것처럼 느껴질지라도.

영적으로 활기차고 뜨거운 삶을 유지하려면

누구나 영적으로 메마른 시기를 맛보기는 하지만, 그런 상태가 표준은 아닙니다. 하나님께서는 열심 있는 삶으로 자녀들을 부르십니다(로마서 12:11 참조). 열심 있는 삶이란 영적으로 '뜨거운 삶'이요 '끓어 넘치는 삶'입니다. 영적인 면에서는 열이 있으면 건강하다는 증거입니다. 하나님께서는 우리가 영적으로 뜨거운 삶을 살기 원하십니다. 성경에서 보여 주는, 뜨거움을 유지하는 방법을 소개합니다.

친밀함을 위한 노력

성령에 따라 사는 삶과 아무 노력도 않는 삶을 혼동하는 경우가 있습니다. 하나님께서는 우리가 아무 노력도 없이 높은 수준의 영적 삶을 살 수 있게 하지 않으셨습니다. 하나님과의 친밀한 관계를 위하여 최선의 노력을 기울이십시오. 베드로는 다음과 같이 썼습니다. "이러므로 너희가 더욱 힘써 너희 믿음에 덕을, 덕에 지식을, 지식에 절제를, 절제에 인내를, 인내에 경건을, 경건에 형제 우애를, 형제 우애에 사랑을 공급하라. 이런 것이 너희에게 있어 흡족한즉 너희로 우리 주 예수 그리스도를 알기에 게으르지 않고 열매 없는 자가 되지 않게 하려니와"(베드로후서 1:5-8).

불을 피움

하나님께서는 제사장들에게 다음과 같이 지시하셨습니다. "단 위에 불은 항상 피워 꺼지지 않게 할지니, 제사장은 아침마다 나무를 그 위에 태우고 번제물을 그 위에 벌여 놓고 화목제의 기름을 그 위에 사르지며, 불은 끊이지 않고 단 위에 피워 꺼지지 않게 할지니라"(레위기 6:12-13). 이 장면을 생각하면서 경건의 시간에 임하도록 하십시오. 그 제사장들처럼, 당신 영혼 속의 불에 날마다 새 연료를 공급하십시오. 하나님의 거룩한 말씀인 성경을 펼치고, 거기에 있는 말씀을 마음과 뜻을 다해 받아들이십시오. 하나님 앞에 나아가 마음과 뜻과 힘과 성품을 다해 친교를 나누십시오. 날이면 날마다, 자신을 거룩한 산제사로 제단에 드리며(로마서 12:1 참조), 자발적 순종을 통해 태도와 행동을 고쳐 나감으로 불에 공기를 불어넣도록 하십시오. 구세군 사령관이었던 브렝글은 이렇게 말했습니다. "통풍구를 열어 두라. 재를 깨끗이 치워라. 땔감을 계속 공급하라."

말씀을 배워 감

예수님께서 십자가에 못박히셨다가 살아나신 후에, 두 제자가 풀이 죽은 채 예루살렘에서 엠마오로 가는 길을 터벅터벅 걸어가고 있었습니다(누가복음 24:13-35 참조). 지난 며칠 동안 그들의 감정은 마치 롤러코스터를 탄 것 같았는데, 지금은 요란한 소리를 내며 침체와 혼돈의 바다로 곤두박질치고 있었습니다. 그들은 예수님이 메시야라고 생각했는데, 십자가에 못박히시는 바람에 그 꿈은 산산조각이 나고 말았습니다. 그런데 어떤 여자들이 예수님께서 죽음에서 부활하신 것을 보았다고 주장하는 것이었습니다.

예수님께서 이 두 제자와 함께 걸어가고 계셨으나 그들은 예수님을 알아보지 못했습니다. 함께 가시면서, 예수님께서는 메시야가 고난을 받고, 죽고, 죽음에서 살아나는 것이 하나님의 계획이라는 것을 모든 성경을 사용하여 설명하기 시작하셨습니다. 나중에 그들은 자신들과 함께 길을 갔던 분이 예수님이었다는 것을 깨닫게 되었습니다. 그리고 이렇게 말했습니다. "길에서 우리에게 말씀하시고 우리에게 성경을 풀어 주실 때에 우리 속에서 마음이 뜨겁지 아니하더냐?"(누가복음 24:32).

하나님과 더불어 시간을 보내고 하나님과 하나님의 계획을 알아 가면 마음이 뜨거워집니다. 새로운 진리를 깨닫는 것은 삶에 활기를 불어넣습니다. 모든 성경이 어떻게 서로 조화를 이루고 있는가에 대해 새롭게 깨닫는 것은 불을 피우기 위한 쏘시개가 됩니다. 당신은 하나님께 속한 것들을 알고 이해하는 면에서 자라 가고 있습니까?

'오직 한 가지'를 추구함

로마서 12:11에 나오는, 게으르지 말고 열심을 품으라는 권면은 시편 27:4과 연관시킬 수 있습니다. "내가 여호와께 청하였던 한 가지 일 곧 그것을 구하리니, 곧 나로 내 생전에 여호와의 집에 거하여 여호와의 아름다움을 앙망하며 그 전에서 사모하게 하실 것이라." 열심은 마음속의 불입니다. 열심이란 이것저것 다 할 수 있도록 넓게 펼쳐 놓을 수가 없습니다. 열심은 물길을 따라 흐르는 강이요, 넓게 퍼져 있는 늪이 아닙니다. '한 가지'에 집중하는 사람이 뜨거운 삶을 삽니다. 당신은 너무 관심이 분산되어 있어서 뜨거운 삶을 살지 못하는 게 아닙니까?

첫 사랑을 회복함

주님께서는 열심이 식은 에베소 교회를 향해 이렇게 충고하셨습니다. "…어디서 떨어진 것을 생각하고 회개하여 처음

행위를 가지라"(요한계시록 2:5). 예수님께서는 그들이 '첫 사랑' 혹은 '신부 시절의 사랑'을 버렸다고 하셨습니다. 하나님께서는 그것을 이렇게 묘사하셨습니다. "네 소년 때의 우의와 네 결혼 때의 사랑 곧 씨 뿌리지 못하는 땅, 광야에서 어떻게 나를 좇았음을 내가 너를 위하여 기억하노라"(예레미야 2:2).

하나님을 향한 당신의 사랑이 가장 신선하고 가장 깊고 가장 달콤했던 때는 언제였습니까? 그러한 때를 회상해 보고 다시 그때처럼 해보십시오. 당신 안에 있던 '신부'가, 자기중심적이고 자기 방어적이고 토라지기 잘하고 걸핏하면 화를 내는 '아내'로 바뀌었습니까? 사랑하는 사람 곁에 있는 즐거움을 위해서라면 어떤 값이라도 치를 수 있었던 그 신부가 말입니다. 마음에서 우러나와 혼자서 하나님께 찬송을 드린 적이 있습니까? 하나님께서 함께 걷고 계심을 느끼며 산책을 한 적이 있습니까? 하나님께 순종하기 위해 앞뒤를 가리지 않고 발걸음을 내딛은 적이 있습니까? 아침에 경건의 시간을 가졌는데 잠자리에 들기 전에 또 가진 적이 있습니까? 다시 그렇게 해보십시오. 머물다 내려온 최고봉을 생각해 보고, 사랑과 전적인 헌신으로 다시 하나님을 향해 돌아서십시오.

하나님을 기뻐함

기쁨이라는 감정은 가꾸는 것입니다. 기쁨을 누리려면, 하나님께 관심을 집중하는 것, 잠시 멈추고 하나님을 즐거워하며 곰곰 생각해 보는 것이 필요합니다. 너무나 삶이 분주하여 무엇이든 급히 서둘러 해치우고, 어떤 것에서도 기쁨을 누리지 못하고 있습니까? 속도를 늦추십시오. 예레미야가 말씀에서 누렸던 것과 같은 기쁨을 주시도록 하나님께 기도하십시오. "…주의 말씀은 내게 기쁨과 내 마음의 즐거움이오나"(예레미야 15:16). J. C. 매콜리 목사는 다음과 같이 기도했습니다.

> 제 마음을 일깨워 모든 인간적인 틀에서 벗어나게 하시고 성경의 한 줄 한 줄과 교훈과 예언과 표적에서 주님을 읽을 수 있는 거룩한 기술을 배우게 하소서. 그리하여 제 눈에는 주님만 보이고, 제 안에 주님의 형상이 나타나게 하소서. 주님에 관한 지식이 아니라 바로 주님이 저의 기쁨이 되게 하소서!

죄 용서 받은 사실을 기억함

예수님께서는 예수님을 향한 큰 사랑을 유지하는 데 실마리가 될 만한 것을 또 하나 보여 주셨습니다. 예수님께서 한 바리새인의 집에 초청을 받아 가셨습니다. 그때 죄 많은 어떤 여인이 눈물로 예수님의 발을 적시고, 자기 머리카락으로 씻고, 그 발에 입 맞추고, 향유를 부었습니다. 그러나 예수님을 초청한 사람은 입맞춤으로 예수님께 인사를 하지도 않았고, 발 씻을 물을 드리지도 않았습니다(그 정도의 친절을 베푸는 것은 당시의 관례였는데도). 예수님께서는 두 사람의 행동에서 그런 차이가 나는 것을 두 가지 때문이라고 하셨습니다. 첫째, 그 여인은 자기가 죄인이라는 것을 알고 있었던 반면, 예수님을 청했던 그 바리새인은 자신을 훌륭한 사람으로 여기고 있었습니다. 둘째, 그 여자는 많은 죄를 용서받았기 때문에 죄의식에서 해방되는 기쁨을 맛보았습니다. 반면, 그 바리새인은 자신이 죄인이라는 사실과 마주한 적이 한 번도 없고, 그래서 정결케 함을 받지도 못했습니다. 예수님께서는 이렇게 말씀하셨습니다. "이러므로 내가 네게 말하노니, 저의 많은 죄가 사하여졌도다. 이는 저의 사랑함이 많음이라. 사함을 받은 일이 적은 자는 적게 사랑하느니라"(누가복음 7:47).

영적으로 메마른 기간은, 당신이 얼마나 많은 죄를 얼마나 완벽하게 용서받았는지를 다시 한 번 돌아보기에 좋은 때입니다. "동이 서에서 먼 것같이 우리 죄과를 우리에게서 멀리 옮기셨으며"(시편 103:12). "나 곧 나는 나를 위하여 네 허물을 도말하는 자니, 네 죄를 기억지 아니하리라"(이사야 43:25).

당신의 문제가 냉담한 마음이든 메마른 심령이든, 그것을 고치는 데는 십자가 아래 계속 머물러 있는 것보다 더 좋은 명약이 없습니다. 복음은 생명의 샘이요, 새로운 활력을 운반해 오는 강물이며, 바싹 마른 영혼을 흠뻑 적시기 위해 계속 파도를 보내는 물결치는 바다입니다. 하나님께서 친히 사람의 몸을 입으시고 잃어버린 자들을 찾아 구원하기 위해 피조물 사이를 누비셨다는 것은 뜨거운 이마를 식혀주는 시원한 물수건과 같습니다. 하나님과 당신 사이의 틈에 다리를 놓기 위하여 예수님께서 스스로 당신의 죄를 지고 기꺼이 당신을 대신하여 죽으셨습니다. 이 사실은 사막에서 방황하는 자들을 위한 냉수 한 그릇과도 같고 꺼져 가는 석탄불에 불어넣는 바람과도 같습니다.

옛 '제단'을 다시 방문함

야곱은 에서를 피하여 도망할 때 돌을 베개 삼아 들에서 밤을 새웠습니다(창세기 28:10-22 참조). 거기서 하나님께서는 야곱을 만나셔서 오래 전에 아브라함에게 하셨던 약속을 그에게 주셨습니다. 다음날 아침 야곱은 자기의 돌베개를 기둥으로 삼아 하나님을 위해 제단을 쌓았습니다. 야곱은 그 장소를 "벧엘" 즉 하나님의 집으로 부르고, 하나님께 서원을 했습니다. 훗날 하나님께서는 야곱을 불러 벧엘로 돌아오게 하십니다(창세기 35장 참조).

당신이 돌아갈 수 있는 제단으로 어떤 것이 있습니까? 예수님을 믿은 일을, 다시 방문할 제단으로 생각해 보십시오. 하나님께서 특별한 방법으로 당신을 만나 주셨던 여러 때를 상기해 보십시오. 그리고 그런 만남이 있기 전에 당신의 마음속에 어떤 일이 있었는지 회상해 보십시오. 어떤 장소에 가거나 어떤 물건을 볼 때마다 하나님과 관련된 특별한 경험이 생각나기도 합니다. 한 예로, 우리 부부가 교제하던 시절 내가 살던 집 앞에는 큰 길이 있었는데, 그 길이 남편에게는 우리를 결혼시켜 주신 하나님께 감사의 마음을 불러일으킨다고 합니다. 그에게 '제단'이 되고 있는 길이 또 있습니다. 그가 걸으면서 기도할 때 하나님께서 격려해 주시고 약속의 말씀을 주셨던 곳인데, 최근에 우리는 중요한 결정을 앞두고 그 길에 가서 기도 시간을 가졌습니다.

시각화(視覺化)
우리가 다시 찾아가서 기도했던 그 길처럼, 눈에 보이는 어떤 것이 우리의 영적 여행에 도움을 줄 수 있습니다. 내 책상 위에는 날짜, 주제, 장소, 성경 장절 두 개가 적힌 매끈한 돌 하나가 놓여 있는데, 손톱으로 문질러 반들반들합니다. 이 돌은 흔히 볼 수 있는 돌멩이에 불과하지만 내게는 기적과 같았던 어떤 기도 응답을 생각나게 해줍니다. 이 돌을 볼 때마다 '어떤 것도 하나님의 자상한 보살핌을 받기에 너무 사소하지는 않아' 하는 생각이 듭니다.

시각적인 것을 통해 당신과 예수 그리스도의 교제를 향상시킬 수 있는 방법들이 많이 있습니다. 그런 방법들을 찾아내어 활용해 보십시오. 성경에 나오는 수많은 비유들이 시각적이며, 영적 진리를 이해하는 데 도움을 줍니다. 예를 들면, 에베소서 6:10-18에서는 하나님의 전신 갑주를 입는 것에 대해 말하고 있습니다. 내 친구 부부는 매일 아침 그 전신 갑주를 입는다고 합니다. 대개는 잠자리에서 일어나기 전에 입는데, 둘이 함께 이 구절의 내용을 가지고 기도하는 것입니다. "우리가 진리로 허리띠를 띠게 해주소서…." 이런 식으로 죽 기도합니다. 실감나는 비유적 표현을 통해 이 구절은 보이지 않는 영적 세계에서 어떤 일이 일어나고 있는지를 생생하게 그려 볼 수 있게 합니다.

예수님의 십자가를 좀더 깊이 묵상하는 데 도움이 되는 독특한 방법이 하나 있는데, 이 책의 부록에 있는, '십자가의 길'을 참조하십시오(225쪽). 예수님의 고난과 부활은 인류 역사에서 가장 중요한 사건이지만, 그 내용을 잘 알다 보니

각 복음서의 마지막 부분에 기록되어 있는 그 내용들을 그냥 덤덤하게 받아들이기가 쉽습니다. 부록에 나와 있는 방법으로 깊이 묵상해 보면 예수 그리스도의 죽으심과 부활을 둘러싼 사건들을 좀더 실감나게 이해할 수 있습니다.

감사

"범사에 감사하라. 이는 그리스도 예수 안에서 너희를 향하신 하나님의 뜻이니라"(데살로니가전서 5:18). 감사는 평안으로 이끄는 믿음의 기도에 없어서는 안 될 요소로서(빌립보서 4:6-7 참조), 하나님의 존전으로 들어가는 문을 엽니다. 감사가 있으면 하나님께서 주시는 것을 받을 수 있게 마음이 준비되기도 하고, 하나님을 찾는 것 자체에서 만족을 느낄 수도 있습니다.

조지 맥도널드는 이렇게 썼습니다. "사람들은 자기가 익숙한 것은 누구로부터 온 것으로 생각지 않는다. 마치 도움과 발전과 기쁨과 사랑이 '혼돈'이나 태초의 '흑암'에서 저절로 나왔다는 듯이 말이다."

아침에 해가 뜨는 것, 아침 식사를 할 수 있는 것, 사랑하는 사람의 얼굴을 볼 수 있는 것을 당연한 것으로 여기고 있습니까? 감사가 없는 마음은 삭막합니다. 우리는 늘 바닷가에 서 있을 수도 없고, 늘 산꼭대기에 올라가 있을 수도 없습니다. 하지만, 가까이 있는 아름다운 것들에 깨어 있을 수는 있습니다. 책상의 나뭇결, 헝겊의 색깔과 감촉, 이른 봄날 얼음 녹은 물이 관목 숲에서 똑똑 떨어지는 소리 등. 이처럼 지나치기 쉽지만 경이로운 것들이 당신을 무덤덤한 삶에서 벗어나게 해줍니다. 그리하여 당신은 하나님께서 당신을 얼마나 극진히 돌보고 계시는지 다시금 기억하게 됩니다. 그러자 당신의 시선은 십자가에 머물고, 당신을 향한 주님의 사랑에 경이로움을 느낍니다. 이처럼 감사는 당신의 딱딱하고 냉랭한 마음을 부드럽고 뜨겁게 합니다.

늘일 것은 늘임

때때로 조금만 더 하는 것이 굉장한 차이를 가져옵니다. 예를 들면, 5분만 더해 보십시오. 경건의 시간을 시작할 때 5분을 더하여 그 시간에 찬송을 불러 보십시오. 혹은 끝날 때 5분을 더해, 조용히 앉아 주님의 음성을 경청하거나 깨달은 것을 기록해 보십시오. 또는 묵상하는 시간을 늘려 보십시오. 삶에서 가장 중요한 것들에 5분을 더 투자하는 것은 엄청난 이익 배당을 가져옵니다.

줄일 것은 줄임

영적으로 대식가인 사람들이 있습니다. 그들은 여러 성경 공부 모임에 참석하고, 늘 라디오 설교를 들으며, 교회 연주회로부터 기도 모임에 이르기까지 영적인 것을 섭취할 수 있는 곳이라면 놓치지 않습니다. 그들은 많이 섭취하면 영적으로 활기찬 삶을 살 수 있다고 잘못 생각하고 있습니다.

불행히도, 과식하면 몸이 둔해집니다. 영적인 음식은 섭취할 뿐만 아니라 소화를 시켜야 합니다. 묵상과 적용은 없이 지식만 늘려 가는 것은 영적 활력을 앗아갈 수 있습니다. '알고 있는 것'을 '된 것'으로 오해하는 것이 영적으로 둔감하고 위선적인 삶으로 나아가는 첫 단계입니다.

찬송

하나님과의 교제 시간에 찬송을 도입한 적이 있습니까? 그 시간에 찬송을 부릅니까? 찬송가 테이프를 듣습니까? 찬송은 개인적인 예배든 공적 예배든 예배에서 중요한 요소입니다. 시편은 150개의 찬양과 기도와 일기가 한데 어우러진 것입니다. 하나님께서는 모세에게 노래 하나를 기록하라고 하셨습니다(신명기 31:19 참조). 찬송가 가사는 영적으로 고무시켜 줍니다. 찬송은 분위기 형성과 보다 자유로운 감정 표현에 도움이 됩니다. 종종 나는 "거룩, 거룩, 거룩, 전능하신 주여, 이른 아침 우리 주를 찬양합니다"라는 찬송을 부르면서 경건의 시간을 시작합니다.

순종의 삶

성경이 분명히 보여 주는 것은 하나님께서 우리 마음을 거처로 삼기 원하신다는 것입니다. 예수님께서는 이렇게 말씀하셨습니다. "사람이 나를 사랑하면 내 말을 지키리니, 내 아버지께서 저를 사랑하실 것이요, 우리가 저에게 와서 거처를 저와 함께하리라"(요한복음 14:23). 경건의 시간은 당신의 삶이 하나님의 더 좋은 거처가 되도록 해줍니다. 만약 그 시간이 순종하는 삶으로 이끈다면 말입니다. 성경에서 명령하고 경고하고 있는 것을 삶에 적용하십시오. 그리하면, 틀에 박힌 듯한 삶 대신 하나님의 사랑을 경험하는 활기찬 삶을 살게 될 것입니다.

경건의 시간에 신선함을 더하기 위해

- 그날의 업무 지시를 받기 위해 상사의 사무실로 가듯 주님의 존전으로 나아가십시오.
- 예수님의 말씀이 다른 색깔로 구분되어 있는 성경을 구해서 예수님의 말씀만 읽어 보십시오.
- 읽으면서 특정 주제를 찾아보십시오. 예를 들면, **그리스도 안에서 우리가 가지고 있는 소망, 예수님께서 사람들의 불신앙을 다루신 방법, 하나님의 사랑** 등.
- 장소나 방법을 바꾸어 보십시오. 다른 방, 발코니, 또는 출근길에 있는 공원이나 조용한 제과점 같은 곳에서 주님과 시간을 가져 보십시오. 보통 앉아서 시간을 갖는다면, 무릎을 꿇고 가져 보십시오. 찬송을 도입해 보십시오. 주님 앞에서 조용히 경청하는 데 시간 전체를 들여 보십시오.
- 매일의 말씀 묵상이나 기도를 도와주는 책을 활용해 보십시오. 여러 가지가 나와 있습니다.
- 늘 기도 내용이 판에 박힌 듯이 똑같습니까? 성경에 나와 있는 위대한 기도들을 살펴보십시오(역대상 29:10-19, 다니엘 9장, 마태복음 6:9-13, 골로새서 1:9-14 참조). 그 내용을 지침으로 삼아 기도해 보십시오. 바울이 기도한 것을 위해 기도하거나, 현재 읽고 있는 말씀을 가지고 죽 기도해 보십시오. 이런 식으로, 하나님께서 당신과의 대화에서 화제를 결정하시도록 해드리십시오.

틀에서 벗어남

경찰은 은행 강도들의 최근 수법에 하나의 패턴이 있는 것을 알게 되었습니다. 그래서 언제 어느 은행이 털리게 될지 미리 알 수 있었습니다. 경찰은 현장의 대형 쓰레기차에 숨어서 기다리고 있다가 강도들이 나타나자 뛰쳐나왔습니다. 틀에 박힌 행동은 위험할 수 있습니다.

때때로 나는 '머리 염색을 해볼까?' '부직을 하나 가져 보는 것은 어떨까?' '수영을 배워 볼까?'라고 생각해 봅니다. 삶에는 때때로 조그만 변화가 필요합니다. 인간관계에서도 조그만 변화를 가함으로 유익을 얻을 수 있습니다. 하나님과의 관계에서도 마찬가지입니다. 하나님의 관심을 끌려면 새로운 요소를 도입해야 한다는 말이 아닙니다. 나의 필요 때문입니다. 하나님과 개인적으로 만난다는 것은 생각할 수도 없을 정도로 스릴 넘치는 일입니다. 그러나 그런 일을 나는 따분하게 여길 수도 있고, 당연시하기도 하고, 무덤덤하게 받아들이기도 하고, 아무 생각 없이 타성적으로 행할 수도 있습니다.

크리소스톰은 이렇게 말했습니다. "똑같은 음식만 계속 식탁에 올라오면 물리지만, 다양한 음식이 올라오면 입맛이 당긴다."

나는 '계속성'과 '다양성'을 다 추구합니다. 매일 주님과 만나는 것과 같이 확립된 패턴은 안정성과 성장을 가져옵니다. 그 안정성의 토대 위에서 다양성이나 변화를 주면 영적 삶에 자극이 됩니다. 영적 훈련은 그리스도 안에서 성장하는 데 필수 불가결하지만 영적 타성은 무감각한 삶으로 이끕니다. 조지 맥도널드는 이렇게 썼습니다. "거룩한 것의 거죽을 습관적으로 다루는 것보다 영적인 것에 더 치명적인 것은 없다." 습관 자체가 치명적인 것은 아닙니다. 아무 생각 없이 행하는 습관이 문제입니다.

당신의 경건의 시간을 다시 살펴보십시오. 궤도에서 벗어났습니까? 수렁에 빠져 있습니까? 진정한 목표인 그리스도를 시야에서 놓치고 있습니까? 기억하십시오. 성경을 읽는 것은 활동도, 과제도, 훈련도, 연습도 아니요, 하나님과의 의사소통을 하기 위한 수단입니다. 기도는 판에 박힌 듯한 내용을 반복해서 나열하는 것이 아니라 마음속 깊은 곳에서 우러나오는 것이어야 합니다.

영적 삶이 활기 없고 메마를 때 해보아야 할 질문 10가지

1. 죄를 자백하고 그 죄로부터 돌아서고 있는가?
2. 하나님을 정기적으로 만나고 있는가?
3. 영적 민감성을 떨어뜨리는 어떤 것을 행하고 있지는 않은가?
4. 주님과 최고의 시간을 가졌던 것은 어떤 조건하에서였는가?
5. 타성에 빠져들지는 않았는가?
6. 건강상의 문제나 피곤이 원인은 아닌가?
7. 당신의 삶을 축복해 주시도록 기도하고 있는가(역대상 4:9-10)? 다른 사람에게 당신을 위해 기도해 달라고 부탁했는가?
8. 이 시기를 통해 무엇을 가르쳐 주시고자 하는지 하나님께 여쭤 보았는가?
9. 하나님과의 교제 시간에 신선함을 불어넣는 습관이나 태도 한 가지는 어떤 것인가?
10. 메마른 기간이 지속될지라도 경건의 시간을 갖겠다고 주님께 말씀드렸는가?

요 약

메마른 시기는 우리 삶에서 하나님의 목적을 이룹니다. 하지만 그리스도인의 삶의 표준은 '뜨거운 삶'이요 '끓어 넘치는 삶'입니다. 메마른 시기에도 하나님을 신뢰하고 하나님을 찾도록 하십시오. 불을 피우기 위해 최선을 다하십시오.

개인 적용을 위한 도움말

이 장에 있는 아이디어들에 관해 기도하십시오. 다음과 같이 하나님께 기도하십시오. "제가 취해야 할 행동이 있습니까? 제가 바꾸어야 할 태도가 있습니까? 제가 해야 할 기도가 있습니까?"

묵상과 토의를 위한 질문

1. 영적으로 메마른 것과 영적으로 갈급한 것의 차이는 무엇입니까? 두 가지는 연관성이 있습니까?

2. 누구에게나 메마른 시기가 있습니다. 영적으로 메마를 때, 어떤 태도나 반응을 보이는 것이 하나님께서 당신

삶 속에서 일하시는 데 가장 도움이 됩니까?

3. 당신이 겪었던 영적인 메마름이나 냉담함은 어떠했습니까? 다시 뜨거워지는 데 도움이 된 것은 무엇이었습니까?

4. 영적으로 구태의연하고 무기력한 삶을 사는 것보다는 차라리 넘어지고 자빠지고 해도 뭔가 열심히 시도하는 삶이 영적 성장에 도움이 된다고 합니다. 이 말에 대해 어떻게 생각합니까?

5. 지난 6장까지 소개한 아이디어 가운데 경건의 시간에 활용하고 있는 것은 무엇입니까? 다른 사람에게 추천하고 싶은 것은 어떤 것입니까? 왜 그렇습니까?

6. 이 장에서 제안한 것들 가운데 어느 것을 어떻게 경건의 시간에 활용하겠습니까?

제 8 장
장시간 동안의 특별한 교제

시간은 뭔가와 바꿀 수가 있습니다. 우리는 시간을 주고 어떤 것을 얻습니다. 돈, 성공, 음식, 잠, 휴가, 깨끗한 집, 번쩍번쩍 광이 나는 차 등. 어떤 것에 시간을 들이려면 다른 것에서 시간을 내야 합니다. 삶은 온통 선택으로 꽉 차 있습니다. 하루에 한 시간을 더할 수도, 삶의 모든 요구들을 다 회피할 수도 없지만, 선택을 할 수는 있습니다.

시간과 하나님의 뜻

성경은 이 시대와 시간에 관한 주님의 뜻을 이해하고 지혜롭게 시간을 사용하도록 명령합니다. "그런즉 너희가 어떻게 행할 것을 자세히 주의하여 지혜 없는 자같이 말고 오직 지혜 있는 자같이 하여 세월을 아끼라. 때가 악하니라. 그러므로 어리석은 자가 되지 말고 오직 주의 뜻이 무엇인가 이해하라"(에베소서 5:15-17).

시간 사용에 관한 하나님의 뜻은 무엇입니까? 하나님께서는 1분 1초를 모두 목표 성취를 위해 쏟아 붓도록 요구하십니까? 시간 관리를 잘하여 하루를 가장 생산적으로 보내라고 하십니까? 적게 자고 많이 일하라고 하십니까? 우리가 잘 보낸 하루의 본이라고 생각하고 있는 것은 어떤 것입니까?

잘 사용한 시간

누가복음 10장에 보면, 예수님께서 마르다의 집을 방문하신 이야기가 나옵니다. 이 이야기를 통해 나는 시간을 어떻게 사용하는 것이 잘 사용하는 것인지 알게 되었습니다. 이 기사에는 도전, 교훈, 격려, 유머, 극적인 요소 등 온갖 것이 다 들어 있습니다. 4장에서 우리의 선택과 관련하여 이 기사를 살펴본 적이 있습니다. 이 간단한 기사를 다시 살펴보면서, 예수님께서 자신과 함께 시간을 보내는 것에 대해 어떻게 말씀하셨는지 보십시오. 종종 그렇듯이, 이 경우에도 예수님의 반응은 뜻밖입니다. 이 이야기는 많이 읽었지만, 읽을 때마다 예수님의 반응이 놀랍기만 합니다. 잘 알려져 있는 그 이야기를 당신도 기억하고 있을 것입니다.

> 저희가 길 갈 때에 예수께서 한 촌에 들어가시매, 마르다라 이름하는 한 여자가 자기 집으로 영접하더라. 그에게 마리아라 하는 동생이 있어 주의 발 아래 앉아 그의 말씀을 듣더니, 마르다는 준비하는

일이 많아 마음이 분주한지라, 예수께 나아가 가로
되, "주여, 내 동생이 나 혼자 일하게 두는 것을 생
각지 아니하시나이까? 저를 명하사 나를 도와주라
하소서."
주께서 대답하여 가라사대, "마르다야, 마르다
야, 네가 많은 일로 염려하고 근심하나, 그러나 몇
가지만 하든지 혹 한 가지만이라도 족하니라. 마리
아는 이 좋은 편을 택하였으니 빼앗기지 아니하리
라" 하시니라. (누가복음 10:38-42)

마리아는 주님과 한가롭게 시간을 보내고 있습니다. 주님께 시선을 고정시킨 채 시간 가는 줄도 모르고 있습니다. 두 사람은, 다정하고 여유 있게 대화를 나누고 있습니다. 마리아는 예수님과 단둘이 시간을 보내고 있습니다. 마리아는 타이머를 맞추어 놓지도 시계를 들여다보지도 않습니다. 마치 시간은 가만히 멈춰 서 있는 것 같습니다.

마리아를 보면 우리 속에서 화가 치밀어 오릅니다. 그러나 마르다는 공감이 가는 사람입니다. 마르다는 분주합니다. 바쁘게 왔다갔다합니다. 책임 맡은 사람의 전형입니다. 마르다의 모습은 안 보이지만 접시와 냄비 같은 그릇의 덜거덕거리는 소리와 찬장 문 여닫는 소리는 들립니다. 그 소리는 점점 더 커집니다. 마르다의 분노도 점점 더 커집니다. 더 이상 분노를 참을 수 없게 되자 마르다는 주먹을 불끈 쥐고 쿵쿵 발소리를 내며 불쑥 무대에 나타납니다. 마르다는 "주님!" 하고 주님을 부르면서 이렇게 생각합니

다. '나는 바쁘게 일하고 있는데 마리아는 주님 발아래 앉아 게으름을 피우고 있다는 것을 아시면 틀림없이 주님께서도 분노하실 거야.' 마르다는 주님께 이렇게 말씀드립니다. "내 동생이 나 혼자 일하게 두는 것을 생각지 아니하시나이까? 저를 명하사 나를 도와주라 하소서."

우리 생각에, 예수님은 공평하신 분이니까 이렇게 말씀하실 것 같습니다. "아니, 시간이 많이 흘렀구나! 마르다야, 우리를 용서해 다오. 그 짐을 너 혼자 지고 있는 걸 우리는 통 몰랐구나. 내가 너무 둔감했다. 마리아야, 얼른 가서 도와 줘라. 한가하게 나하고 얘기나 나누던 일은 이제 그만두고."

하지만 그렇게 말씀하지 않으셨습니다. 이 어찌 된 일입니까? 예수님께서는 마리아 편을 드셨습니다. "마르다야, 마르다야, 네가 많은 일로 염려하고 근심하나, 그러나 몇 가지만 하든지 혹 한 가지만이라도 족하니라. 마리아는 이 좋은 편을 택하였으니 빼앗기지 아니하리라."

시간 사용과 관련한 주님의 뜻은 무엇입니까? 마르다에게 하신 말씀에 비추어 볼 때, '주님과의 친교 시간을 할 일 목록의 맨 윗자리에 두는 것'이라고 생각합니다. 당신도 그렇게 생각하지요? 그렇다면, 매우 주의 깊고 신중하고 주도면밀한 삶을 사십시오. 시간을 어떻게 사용할 것인지 결정해 나갈 때, 지혜를 발휘하십시오. 분명한 목적의식을 가지십시오. 의도를 명확히 하십시오.

하나님과 교제하는 것은 '아무것도 않는 것'인가

마리아와 마르다와 관련해서, 우리는 예수님의 생각을 받아들이는 것이 왜 그렇게 어렵습니까? 내가 믿기로, 우리가 주님과 좀더 여유 있는 시간을 갖는 데 소홀한 것은 하나님께서(어쩌면 목회자와 친구들도) 그것을 게으름 피우는 것으로 여기시지 않을까 오해하고 있기 때문입니다. 우리는 할 일도 많은데 예수님의 발아래 앉아 '아무것도 않는 것'을 원치 않습니다. 하지만 예수님의 생각은 다릅니다. 자신과 더불어 시간 갖는 것을 '아무것도 않는 것'이라고 생각지 않으시는 것입니다. 예수님께서는 "한 가지만이라도 족하다"고 하셨습니다. 이 말씀은 '꼭 필요한 것은 한 가지뿐이다'라는 의미이기도 합니다. 꼭 필요한 것은 한 가지뿐입니다. 그것은 부엌일이 아닙니다. 주일학교에서 가르치는 것도 아닙니다. 출세하는 것도 아닙니다.

예수님께서는 마리아가 시간을 내어 여유 있게 자신과 친밀한 교제를 나누는 것을 칭찬하셨습니다. 하지만 우리는 "그건 2천 년 전 상황이지"라고 말합니다. 그 당시에는 여자들이 요즘처럼 세면장 청소를 하거나 시장을 보러 가거나 아이들을 등교시키거나 공부를 봐주거나 할 필요가 없었습니다. 그래서 '그 당시는 바삐 움직이지 않아도 되던 시대였지'라고 간단히 생각함으로 궁지에서 벗어나려고 합니다. 우리는 "마리아야 지금처럼 할 일 많은 시대에 살지 않았잖아요"라고 말합니다. 하지만, 정신없이 바빴던 마르다가 생각납니다. 그리고 분주해지는 경향은 옛날이나 지금이나 똑같다는 것을 알게 됩니다.

마리아한테서 배우십시오. 하나님과 특별한 시간을 보낼 수 있는 기회들을 붙잡으십시오. 매일 정기적으로 주님과 갖는 시간 외에, 때때로 좀더 장시간 동안 주님과 만나는 것을 한번 생각해 보십시오.

> 읽고, 공부하고, 글을 쓰고, 기록하는 것이 게으름인가?
> 우리 양심을 살펴보고, 정욕을 다스리고, 지난 삶을 돌아보고, 현재 삶에 질서를 주고, 장래를 지혜롭게 준비하는 것이 게으름인가?
> 지난 죄를 회개하고, 유혹과 엄청난 욕망들과 싸우고, 죄와 염려에 빠져들 수 있는 눈앞의 상황에 대비하여 미리 자신을 무장하는 것, 죽음에 대해 생각하고 그것을 생생하게 그려 봄으로 아무 준비 없이 맞지 않도록 하는 것이 게으름인가?
> 인간에 대해서, 그리고 숭고한 마음을 갖게 하는 신성한 진리들에 대해서 묵상하며, 이러한 진리들을 깊이 생각하되, 되는 대로 공상하듯이 하는 것이 아니라 체계적으로 집중해서 하는 것이 게으름인가?
> 시와 찬송가와 찬미로 밤낮 자주 목소리를 높이며, 하나님을 찬양하고 하나님의 모든 은택에 대해 감사하는 것이 게으름인가?
> 기도는 우리 죽을 수밖에 없는 인간이 거룩하신 왕께 나아갈 수 있게 해주는데, 마음속으로 하는 기도로, 한결 더 잘 표현되고 진실한 찬양을 하나님께 드리는 것이 게으름인가?
> — 진 레클러크, '하나님과 단둘이'에서

하나님과 장시간을 함께 보내기

옛날이나 지금이나 하나님께서는 때때로 백성들을 부르셔서 자신과 함께 오랜 시간을 보내게 하십니다. 성경에 보면, 하나님과 단둘이 40일간을 보낸 사례가 세 번 나오는데,

이에 대해 깊이 생각해 보십시오. 모세는 두 번이나 산 위에서 하나님과 단둘이 40일을 보냈습니다. 두 번 모두 하나님께서 그 일을 주도하셨습니다(출애굽기 24:12,18, 34:2,28 참조).

신약성경에 보면, 성령께서는 예수님을 광야로 이끄셔서 40일 동안 머무르게 하셨습니다(마태복음 4:1 참조). 하나님께서는 예수님으로 하여금 혼자 머무시면서 기도하는 시간을 갖게 하셨는데, 이 사실은 하나님께서 그것을 중요하게 생각하셨다는 확신을 갖게 해줍니다. 이 사건을 잘 상고해 보면, 예수님께서 40일간 광야에 머무신 일이 얼마나 중요한지 드러납니다. 하나님과 단둘이 보낸 그 시간은 예수님의 공생애를 위한 길을 닦았습니다. 광야에서 받은 시험과 검증은 생명수가 세상으로 흘러나올 수 있도록 수문(水門)을 열었습니다. 예수님께서는 엄청난 중요성을 갖는 영적 전투에서 이기셨습니다. 만약 그때 사탄의 유혹에 넘어가셨다면 결코 십자가를 지지 못하셨을 것입니다.

하나님께서는 하나님과 더불어 단둘이 오랜 시간을 보내는 것을 시간 낭비라고 생각지 않으십니다. 그럴진대 우리가 시간 낭비라고 생각해서야 되겠습니까?

왜 하나님과 오랜 시간을 보내는가

하나님께서는 예수님, 모세, 그리고 그 밖의 다른 사람들을 부르셔서 장시간 동안 자신과 함께 시간을 보내게 하셨습니다. 어쩌면 당신도 하나님께서 부르시는 것을 느낄 것입니다. 그런 시간을 통해 하나님과 풍성한 교제를 나눌 수 있습니다. 분주한 일상생활에서 이따금 벗어나 하나님의 거룩한 존전에서 오랜 시간을 보냄으로 얻게 될 유익을 한번 생각해 보십시오.

믿음 성장을 위해

한번은 예수님께서 "우리가 어떻게 하여야 하나님의 일을 하오리이까?"라는 질문을 받았는데, 이렇게 대답하셨습니다. "하나님의 보내신 자를 믿는 것이 하나님의 일이니라"(요한복음 6:28-29). 하나님께서는 우리의 믿음을 원하십니다. "믿음이 없이는 기쁘시게 못하나니, 하나님께 나아가는 자는 반드시 그가 계신 것과, 또한 그가 자기를 찾는 자들에게 상 주시는 이심을 믿어야 할지니라"(히브리서 11:6).

네비게이토 선교회의 창시자인 도슨 트로트맨은 믿음의 사람이었습니다. 한번은 젊은이들이 도슨에게 "주님과 더불어 얼마나 시간을 보냅니까?" 하고 묻자, 그는 이렇게 대답했습니다. "나는 시간이 하나님께서 내 기도를 들으시느냐와 큰 관계가 있다고는 생각지 않습니다. 하지만, 시간은 내가 기도할 때 그리고 요청하면서 손을 내밀 때 내가 믿음에 서 있느냐와 밀접한 관계가 있다고는 믿습니다. 기도를 마음을 좀 편하게 해주는 것이나 잠자리에 들기 전에 얼른 해치우는 것 정도로 여기는 사람에게 하나님께서 예레미야 33:3에서 약속하신 크고 비밀한 일을 이루어 주실 것으로는 믿지 않습니다." 트로트맨의 삶의 특징은 혼자서 그리고 다른 그리스도인들과 함께 꾸준히 기도할 때가 많았다는 것입니다.

거룩함에서 성장하기 위해

오스틴 펠프스의 말에 따르면 하나님과 함께 시간을 많이 보내는 것은 거룩함에서 진보하기 위해 필요합니다. 그는 한 저서에서 이렇게 쓰고 있습니다. "혼자 있기를 좋아하지 않는 사람이 문학이나 과학에서 위대한 업적을 이룬 경우가 없다는 말이 있다. 우리가 기본적 영적 원리로 삼아야 할 것이 있다. 그것은 하나님과 단둘이 장시간을 보내기 위해 종종 시간을 내지 않는 사람들이 거룩함에서 큰 진보를 이룬 적이 없다는 것이다."

전망을 얻고, 인도를 받고, 계획을 하기 위해

나하고 성경공부를 하는 사람들이 하나님과 단둘이 한나절을 보낸 적이 있습니다. 우리는 우리 집 이곳저곳에 흩어져 하나님을 개인적으로 만나는 시간을 가졌습니다. 6주에 걸친 공부를 마쳤는데, 그 공부의 결과로 저마다의 삶에 무엇을 적용해야 할지 하나님께 묻기 위해서였습니다.

성경공부의 한 부분으로서 하나님과 단둘이 아침 시간을 보낸 이유가 무엇일까요? 전망을 얻기 위해서입니다. 그 아침 시간에 우리가 흩어져서 하나님의 음성에 귀를 기울이며 시간을 보낸 것은 모세가 산에 오른 것과 같습니다. 그때까지 여러 주에 걸쳐 공부한 것이 골짜기 저 아래 펼쳐져 있었습니다. 이 시간을 통해 우리는 산 위에서 내려다보듯이 하나님께서 교훈해 주신 것의 윤곽을 더 분명하게 파악했고, 교훈 실천을 위한 적절한 계획을 세울 수 있었습니다.

우리 부부는 지금 변환기에 있는데, 주님을 찾고 주님의 음성을 듣기 위해 더 많은 시간을 내고 있습니다. 주님의 인도를 받기 위해서입니다. 예수님께서도 중요한 결정을 하실 때 하나님과 더불어 장시간을 보내는 것의 가치를 아셨습니다. 예수님께서는 열두 제자를 선택하시기 전에 꼬박 하룻밤을 기도하셨습니다(누가복음 6:12-15 참조).

철저히 무장하고 영적 전투에서 이기기 위해
이땅에서의 사역을 마무리할 때가 되고 십자가가 눈앞으로 다가왔을 때, 예수님께서는 장시간에 걸쳐 집중적으로 기도하셨습니다.

> 예수께서 나가사 습관을 좇아 감람산에 가시매 제자들도 좇았더니, 그곳에 이르러 저희에게 이르시되, "시험에 들지 않기를 기도하라" 하시고, 저희를 떠나 돌 던질 만큼 가서 무릎을 꿇고 기도하여 가라사대, "아버지여, 만일 아버지의 뜻이어든 이 잔을 내게서 옮기시옵소서. 그러나 내 원대로 마옵시고 아버지의 원대로 되기를 원하나이다" 하시니, 사자가 하늘로부터 예수께 나타나 힘을 돕더라. 예수께서 힘쓰고 애써 더욱 간절히 기도하시니 땀이 땅에 떨어지는 피 방울같이 되더라.
> 기도 후에 일어나 제자들에게 가서 슬픔을 인하여 잠든 것을 보시고 이르시되, "어찌하여 자느냐? 시험에 들지 않게 일어나 기도하라" 하시니라. (누가복음 22:39-46)

예수님께서는 제자들이 자고 있을 때 기도하셨습니다. 군병들이 잡으러 오자 예수님께서는 자신에게 주어진 운명을 받아들이기 위해 꿋꿋하게 앞으로 걸어 나가셨습니다. 이에 대비하여 무장이 잘 되어 있었기 때문이었습니다. 그러나 제자들은 졸리는 눈을 비비며 도망갔습니다. 앞서 예수님께서는 그들에게 "시험에 들지 않기를 기도하라"고 경고하신 적이 있습니다. 이 세상을 살아가는 것은 쉬운 일이 아닙니다. 우리는 날마다 적군과 대치하고 있습니다. 장시간의 기도 시간을 가짐으로써 우리는 앞으로 맞이할 전투에 대비하여 스스로를 무장할 수 있습니다.

즐거움을 누리기 위해

마리아가 예수님의 발아래 앉아 있었던 것은 순전히 예수님과 함께 있는 즐거움을 누리기 위해서였을 것입니다. 로버트 맥체인의 경우에도 마찬가지라고 생각되는데, 그는 짧지만 열매 풍성한 사역을 하고 스물아홉의 나이로 1843년에 주님께로 갔습니다. 그의 전기를 쓴 사람의 하인은 맥체인에 대해 (스코틀랜드 특유의 발음으로) 이렇게 말했습니다. "그 양반은 주일 아침 6시에 일어나서 밤 12시에 잠자리에 들곤 했지요. 자기는 하루 전체를 하나님과 단둘이 보내기를 좋아한다고 하더군요."

하나님과 더불어 장시간을 보내는 일은 계발 과정을 거치면서 경험하게 됩니다. 갑자기 그런 시간을 갖게 되는 것이 아닙니다. 그런 시간은 매일의 경건의 시간에 주님과의 교제로 유익을 누리게 되고, 더 많은 유익을 누리고 싶어할 때, 그리고 단지 원할 뿐만 아니라, 이를 위해 자신을 훈련하고 싶어할 때라야 갖게 되는 것입니다.

장시간 하나님을 만나는 것은 누구에게나 필요하다
당신은 주님과 정기적인 교제를 나누기 시작한 지가 겨우 몇 주밖에 되지 않았을지도 모르겠습니다. 그런데 지금은 하나님과 함께 가끔 장시간을 보내는 것에 대해 읽고 있습니다. 이것은 새로운 아이디어입니다. 그래서 '나도 이번 주말에 한 시간 정도 하나님과 함께하는 시간을 가져 보는 게 어떨까?' 하고 궁금해할 수도 있습니다.

이렇게 생각해 보십시오. 더위에 지친 당신이 시원한 물이 흘러가는 시내를 만났다고 합시다. 당신은 그 물을 실컷 마십니다. 멱도 감습니다. 활기를 되찾습니다. 처음에는 날마다 그 시내에 들렀다가 다른 일을 하러 갑니다. 그러다가 그 시내에 와서 하루 종일 첨벙거리는 일이 점점 잦아집니다. 그러던 어느 날, 당신은 시내를 따라 하류 쪽으로 가다가 물이 점점 더 많아지고 깊어지고 있는 것을 알게 됩니다. 시내가 강이 된 것입니다. 당신은, 힘차게 흐르는 그 강물을 따라갑니다. 강물이, 빛이 반짝이는 바다로 흘러들 때까지 말입니다. 아니, 이게 뭐지? 당신은 그렇게 많은 물이 있는 줄은 꿈에도 몰랐습니다. 반짝이는 다이아몬드처럼 햇빛에 반짝이는 바다를 볼 때, 눈을 제대로 뜰 수가 없습니다. 당신은 오전 내내 거기서 수영도 하고, 다이빙도 하고, 첨벙이기도 하고, 웃기도 하고, 하도 신기하고 놀라워 소리를 지르기도 합니다. 그러다가 시계를 언뜻 보니 누구를 만나기로 한 시간이 30분밖에 남지 않았습니다. 그래서 몸을 말린 후 노래를 흥얼거리며 약속 장소로 갑니다. 가면서 이렇게 결심합니다. "오늘 같은 즐거움을 위해 또 시간을 내야지."

예수님을 믿은 지 얼마 되지 않은 사람들도 장시간 여유 있게 하나님을 만나는 것이 신나는 일임을 알게 됩니다. 적절한 지침만 있으면 됩니다. 오래 전의 일입니다. 남편은 주일학교에서 반을 맡아 그리스도인의 기본적인 삶에 대해 가르쳤습니다. 한 학기를 마무리하기 위해 토요일 아침에 모임을 가졌는데, 기도로 한나절을 보내는 기회를 반원들에게 제공하기 위해서였습니다. 남편은 시간 사용에 관한 구체적이고 세세한 지침을 주었습니다. 1시간을 원으로 나타내었습니다. 남편은 그 원을 5분, 10분, 또는 15분짜리 조각으로 나누었는데, 그렇게 하니 각 조각은 파이 모양이 되었습니다. 이 시간 계획을 따라 모든 참석자들은 하나님과 단둘이 아침 시간을 보낼 수 있었습니다. 그런 시간은 영적 활력을 되찾게 해주었습니다. (그들이 따랐던 시간 계획을 알려면, 232쪽의 부록을 참조하십시오.)

식사를 하지 않는 것은?

성경은 식사를 않고 장시간 기도 시간을 갖는 것에 대해 자주 언급합니다. 식사를 하지 않으면 몇 가지 유익이 있습니다.
- 하나님을 찾는 일에 방해받지 않고 시간을 들일 수 있게 됩니다. 모든 관심을 하나님께 집중하기 위해 식사를 거르는 것입니다.
- 음식물을 멀리해 보면, 하루가 얼마나 육체적인 욕구들에 의해

> 좌우되는지 알게 됩니다.
> - 시간을 더 확보할 수 있습니다. 시장 보기, 식사 준비, 식사, 그리고 설거지는 모두 시간을 소모합니다.
> - 그 외에도, 우리는 시간을 소모하고 하나님께로부터 눈을 돌리게 하는 것들을 절제하거나, 욕구를 통제할 수도 있습니다. 예를 들면, 일주일간 텔레비전을 보지 않고 그 시간을 기도와 성경공부에 들이기로 할 수도 있습니다. 때로는 특별한 기도를 위해 하룻밤 동안 잠을 자지 않을 수도 있습니다.

하나님과 장시간을 가질 수 있으려면

새해 전날 밤이었습니다. 부모님께서는 가까운 사람들과 함께 새해를 맞이하기 위해 나가셨고, 나는 집에 머물었는데, 기도로 한 해를 보내고 새로운 한 해를 맞이하기 위해서였습니다. 나는 식당 의자 위에 촛불과 탁상시계와 성경을 갖다 놓았습니다. 나는 임시로 만든 그 '제단' 앞에 베개를 놓고 그 위에 무릎을 꿇었습니다. 기도를 시작했습니다. 저녁 8시였습니다. 나는 기도에 기도를 계속했습니다. 기도할 만한 것은 다 했다 싶어 고개를 들고 시계를 보았습니다. 8시 15분이었습니다. 고작 15분 동안 기도했던 것입니다! 당시는 예수님을 믿은 지 8개월 정도 되었을 때였는데, 나 혼자 네 시간이 넘게 기도할 만한 준비가 되어 있지 않았습니다. 오랜 세월에 걸쳐 매일 주님과 만나다 보니 나는 장시간 동안 기도할 수 있는 용량을 갖추게 되었습니다.

하나님과 데이트하기

하나님과 시간을 갖는 당신의 용량 또한 커져 왔을 것입니다. 15분은 30분으로 또는 한 시간으로 늘어났을 것입니다. 당신은 더 길게 갖고 싶지만, 현재의 환경 때문에 제약이 있다는 느낌이 들 수도 있습니다. 하나님과의 특별한 데이트를 계획해 보십시오. 미리 계획을 하면 특별한 시간을 한두 시간 정도 확보할 수 있을 것입니다. 만약 애들이 딸려 있다면, 당신이 하나님을 만나고 있을 동안 배우자나 친구가 애들을 봐줄 수 있습니다. 다른 때에 당신이 갚아 주면 됩니다. 취학 전의 자녀가 셋이나 있는 한 부인에게, "친구와 일주일에 하루아침씩 아이들을 교대로 봐주는 게 어때요?" 하고 제안해 본 적이 있습니다. 그 아이디어에 대해 의구심을 나타내면서 그 부인은 이렇게 말했습니다. "우리 아이 셋 때문에도 미칠 지경인데, 그 북새통에다 친구 애 세 명까지 거들면 어떻게 되겠어요?"

"한번 해보기나 하세요"라고 나는 격려했습니다. 그랬더니 그는 훗날 "여섯 아이 다를 돌보는 날이 일주일 중 가장 쉬운 날이에요"라고 했습니다. 애들은 같이 잘 놀았습니다. 그런 유익뿐만 아니라, 그는 친구가 애들을 다 봐주는 날 아침에는 주님과 더불어 조용하고, 방해받지 않고, 여유 있게 시간을 갖게 되었습니다.

현재 상황이 어떠하든 하나님과 특별한 시간을 갖기 위해 날짜를 잡으십시오. 그 날을 달력에 표시하고 그 시간을 위해 기도하고 생각하기 시작하십시오. 어디서 데이트를 하기 원하시는지, 그 시간을 위해 특별히 마음에 두고 계시는 것이 있는지, 하나님께 여쭤 보십시오. 하나님께서 당신을 이끄실 것입니다. 비록 직접 말씀해 주셨다는 느낌이 들지 않을 때도 하나님께서는 인도하고 계십니다. 하나님께서는 구하면 응답하십니다. 그 시간을 위해 전반적인 계획을 세우십시오. 계획을 짤 때, 나는 때로 성경의 목차 페이지를 열고서는 어디를 읽어야 할지 보여 달라고 주님께 요청하기도 합니다.

 데이트를 위해 떼어 놓은 시간이 허비되지 않도록 하십시오. 어디를 갈지 미리 정하십시오. (많은 사람들이 알게 된 것은, 집을 떠나서 그 시간을 갖는 게 유리하다는 것입니다. 집에서는 마음이 분산되기 쉽습니다.) 성경과 필기도구를 챙겨서 문 곁이나 차 안에 두십시오. 데이트 장소로 이동하는 시간 동안 마음을 준비하기 시작하십시오. 공원이나 조용한 제과점 같은 곳으로 걸어서 간다면, 가면서 찬송가를 부르거나 성경 구절을 떠올려 보십시오. 차를 운전해서 간다면, 운전하면서 찬송 테이프를 들을 수도 있고, 조용히 침묵하는 것을 통하여 마음을 준비할 수도 있습니다.

 나는 이러한 특별한 데이트에서는 매일 갖는 시간과는 다른 순서를 따를 때가 있습니다. 대개 성경과 찬송가를 가지고 가며, 말씀 묵상이나 기도에 도움이 되는 책을 가지고 갈 때도 있습니다. 필기도구는 늘 가지고 갑니다. 가지고 간 것이 다 사용될 때도 있고, 하나도 사용되지 않을 때도 있습니다. 나는 공원을 이리저리 거닐면서 찬송도 하고 하나님께 귀를 기울이기도 합니다. 하나님께서 어떤 혼란스러운 상황을 선명하게 이해하게 해주실 때도 있습니다. 그럴 때면 나는 앉아서 노트에 기록을 합니다. 깨달음, 적용, 질문, 기도 제목, 감사 제목, 찬양 내용 등등을 간략하게 메모하는 것입니다. 때로는 꽤 많은 양의 성경 말씀을 방해받지 않고 죽 읽어 나갑니다. 그럴 때면 나는 느보산 위에서 저 아래 펼쳐져 있는 약속의 땅을 바라보고 있는 모세처럼 됩니다. 나는 큰 그림과 그 그림 속의 나의 위치를 알게 됩니다.

하나님과 함께 보내는 한나절

하나님과 더 많은 시간을 가질 수 있게 되고 사정이 허락하면, 한나절을 떼어 하나님과 단둘이 시간을 갖도록 해보십시오. 시간을 잡았다면, 마음을 준비시켜 주시고 하나님의 음성에 민감하게 해주시도록 기도하십시오. 장소를 물색하십시오. 성경, 필기도구, 그 밖에 가지고 가고 싶은 것(찬송가, 기도나 묵상을 돕는 책, 기타 등등)을 챙겨 두십시오. 그 시간을 어떻게 사용할지 미리 시간 계획을 짜두십시오.

하나님과 함께 보내는 한나절(예)

45분. 마음 준비. 찬송과 시편 읽기.
15분. 조용히 경청하기.
1시간. 야고보서 읽기. 때로는, 깊이 생각하느라 잠시 멈추거나 하지 말고 죽 읽어 나갑니다. 어떤 때는, 주님께서 "읽어 나가는 것을 멈추고 그 구절에 머물면서 좀더 깊이 묵상하도록 하라"고 촉구하시는 것처럼 느낄 것입니다. 서둘러 읽어 나가야 한다거나 선택한 곳을 다 읽어야 한다는 강박 관념을 갖지 마십시오. 다시 읽어 나가도 되겠다는 생각이 들 때까지 거기에 머물도록 하십시오. 한 번도 멈추지 않고 죽 읽었다면, 처음으로 돌아와 다시 읽어 나가십시오. 읽을 때마다 얻는 것이 있을 것입니다. 떠오르는 생각들을 노트에 간략하게 메모하십시오.

1시간. 가족, 친구, 관심 갖고 있는 사람들을 위해 기도하기. 각 사람에 대해 주님께 기도하며, 이렇게 여쭤 보십시오. "주님, 그들이 어떻게 지내고 있습니까? 그들을 위해 어떻게 기도해야 합니까? 제가 취해야 할 행동이 있습니까?" 다음에 참조할 수 있도록 기도 내용을 노트에 기록해 두십시오.

1시간. 하나님께서 말씀해 주신 것들을 살펴보기 위해 이전 경건의 시간 노트 훑어보기. 하나님께서는 **기억하라**고 백성들에게 명령하셨습니다. "네 하나님 여호와께서 이 사십 년 동안에 너로 광야의 길을 걷게 하신 것을 기억하라. 이는 너를 낮추시며 너를 시험하사 네 마음이 어떠한지 그 명령을 지키는지 아니 지키는지 알려 하심이라…. 내가 오늘날 네게 명하는 여호와의 명령과 법도와 규례를 지키지 아니하고 네 하나님 여호와를 잊어버리게 되지 않도록 삼갈지어다"(신명기 8:2,11).

다시 훑어볼 때, 지난날에 받았던 위로와 도전과 명령이 다시 당신의 삶에 영향을 미칠 것입니다. 깨달은 바와 적용할 것을 기록하십시오.

주님께 감사드리면서 그 시간을 마무리하십시오.

영적 충전을 위해 잠시 떠나 있기

하나님과 단둘이 있기 위해 일상적인 삶에서 떠나 하루 또는 그 이상의 시간을 뜻 깊게 가질 수도 있습니다. 아이들이 장성해 감에 따라, 우리 부부는 종종 휴가 기간의 오전 시간을 할애하여 하나님과 더불어 교제하는 시간을 가졌습니다. 아이들은 늦게 일어나서 저들끼리 아침 식사를 챙겨 먹고, 점심때가 될 때까지 나름대로 시간을 갖습니다. 점심때가 되면, 가족 전체가 함께하는 시간을 갖기 위해 다른 곳으로 이동을 합니다. 그 결과, 휴가를 통해 우리는 신체적으로뿐 아니라 영적으로도 재충전하며, 가족 전체가 유익을 누리게 됩니다.

하나님과 장시간 교제를 갖는 목적과 유익

- 모든 관심을 하나님께 집중한다.
- 하나님과 친교를 나눈다(경청 및 기도).
- 하나님께 묻는다.
- 하나님께서 하신 일과 해주신 말씀을 기억한다.
- 하나님을 찬양하고 감사한다.
- 다른 사람을 위해 중보 기도를 한다.
- 당신의 양심을 살펴본다.
- 당신의 회심과 영적 여정을 돌아본다.
- 당신의 시간 사용과 우선순위 및 삶의 방향, 성품 등을 다시 살펴본다.

- 잘못을 돌이키고 하나님의 은혜로 새로운 방향을 설정한다.
- 하나님의 약속들을 상기하고, 다시 붙잡는다.
- 이전의 경건의 시간 노트 내용 등을 다시 훑어본다.
- 언젠가는 이 세상을 떠나며 하나님을 뵙게 된다는 것을 기억한다.

요 약

하나님께서는 우리가 주님의 발아래 앉아 시간을 보내기 원하십니다. 하나님께서는 우리에게 '필요한 한 가지'는 주님과 더불어 시간을 갖는 것이라고 하십니다. 그 말씀에 응답하여 때로 하나님과 장시간을 보내야 합니다. 하나님께서는 그런 시간을 갖고자 하는 열망을 불러일으키십니다. 믿음과 거룩함에서 자라고 새로운 전망을 얻기 위해서 하나님과 특별한 시간을 갖는 게 필요합니다.

개인 적용을 위한 도움말

최소한 한 시간 이상 하나님과 데이트를 하기 위해 날짜를 잡고 달력에 표시를 하십시오. 그 시간을 위해 기도하기 시작하십시오. 어떻게 그 시간을 보낼 것인지 대략적인 계획을 세우십시오. 그 시간에 가지고 갈 것을 미리 준비해 두십시오. 그 시간을 즐기십시오!

묵상과 토의를 위한 질문

1. 이 장에 나오는 아이디어 가운데 더 생각해 보고 싶은 것이 있습니까? 어느 것이며, 왜 그렇습니까?

2. 출애굽기 24장과 34장을 읽으십시오. 둘 다 모세가 하나님과 단둘이 40일을 보낸 것에 대한 기사입니다. 그 시간을 누가 주도했는지 살펴보십시오. 그 목적은 무엇입니까? 그 결과는 무엇입니까?

3. 한 나라의 지도자가 40일 동안 자리를 비우는 게 간단한 일은 아닙니다. 모세는 멀리 떠나 있는 데 따른 문제를 어떻게 해결했습니까?(출애굽기 24:13-14 참조) 당신은 이 아이디어를 어떻게 활용하겠습니까?

4. 당신이 하나님과 단둘이 장시간을 갖는 일에 가장 큰 장애물은 무엇입니까? 시도해 볼 만한 창의적인 해결책이 있습니까? 어떤 것입니까?

5. 방해받지 않고 하나님과 함께 긴 시간을 보내면 영적 삶에 어떤 유익들이 있겠습니까?

6. 달력에 하나님과의 특별한 데이트 날짜를 잡기 위해서 당신이 구체적으로 해야 할 일은 어떤 것입니까?

제 9 장
일생에 걸친 경건의 시간

지금까지는 하나님과 당신의 개인적인 관계에만 초점을 맞추어 경건의 시간을 설명했습니다. 당신이 날마다 하나님과 만나는 것에 대해 다룬 것입니다. 이 마지막 장에서 우리가 살펴볼 것은, 우리가 사는 이 세상에 영향을 미치도록 하기 위해 하나님께서 우리를 부르신다는 사실입니다. 그리스도 안에서 우리가 가지고 있는 생명은 우리에게서 다른 사람에게로 흘러가야 합니다. 기억하십시오. 봉사나 사역은 당신이 하나님을 위해 하는 것이 아니라, 하나님께서 당신을 통해 하시는 것입니다.

예수님께서 횃불을 넘겨주시다

하나님의 마음속에 있는 열망은 우리가 하나님을 아는 것입니다. 이 목적을 위하여 예수님께서 이땅에 오셨습니다. 하나님의 아들 예수님께서 하나님과 함께 누리던 영광을 떠나신 것은 이땅에서 아버지 하나님을 나타내고 우리를 하나님과 화목시키기 위해서입니다. 요한복음 17장에 있는 예수님의 기도는 어떤 의미에서 보면 예수님께서 하신 일에 대한 보고라고 할 수 있습니다. 예수님께서는 아버지께, "아버지께서 내게 하라고 주신 일을 내가 이루었다"고 보고하셨습니다. 십자가를 지시기 전 예수님의 사역은 아버지를 나타내고(6절) 우리에게 아버지의 말씀을 주시는 것이었습니다(8절). 이제, 십자가가 눈앞으로 다가오자, 예수님께서는 그 횃불을 우리에게 전달하십니다. 아버지 하나님을 나타내는 책임이 우리에게 주어졌습니다. 예수님께서는 이렇게 기도하셨습니다. "아버지께서 나를 세상에 보내신 것같이 나도 저희를 세상에 보내었고"(요한복음 17:18).

예수님께서는 이어서 다음과 같이 기도하십니다.

> 내가 비옵는 것은, 이 사람들만 위함이 아니요 또 저희 말을 인하여 나를 믿는 사람들도 위함이니, 아버지께서 내 안에, 내가 아버지 안에 있는 것같이, 저희도 다 하나가 되어 우리 안에 있게 하사 세상으로 아버지께서 나를 보내신 것을 믿게 하옵소서. 내게 주신 영광을 내가 저희에게 주었사오니, 이는 우리가 하나가 된 것같이 저희도 하나가 되게 하려 함이니이다. 곧 내가 저희 안에 아버지께서 내 안에 계셔서 저희로 온전함을 이루어 하나가 되게 하려 함은, 아버지께서 나를 보내신 것과 또 나를 사랑하심

같이 저희도 사랑하신 것을 세상으로 알게 하려 함이
로소이다. (요한복음 17:20-23)

  예수님께서는 이땅에서 하셨던 일, 다시 말해 하나님 아버지를 나타내고 사람들을 하나님과 화목케 하는 일을 모든 세대의 모든 믿는 자들에게 위임하셨습니다. 그것은 위대한 과업입니다. 어떻게 그 일을 수행해야 합니까? 주님께서는 우리가 자신의 본을 따르도록 기도하셨습니다. 예수님께서는 아버지와 연합된 가운데 이땅에서 사셨습니다. 자신을 통해 아버지께서 생각과 말과 행동을 표현하시도록 해드린 것입니다(요한복음 8:26-29 참조). 이제 예수님께서는, 자신과 우리가 연합된 삶을 삶으로써 우리를 통하여 자신의 생각과 말과 행동을 표현하실 수 있게 되도록 기도하십니다.
  매일의 경건의 시간은 당신과 그리스도가 하나가 된 것을 확증합니다. 주님과 더불어 시간을 가질 때면 생각나는 것은, 주님께서는 자신이 아버지와 연합된 삶을 사신 것같이 우리가 주님과 연합된 삶을 살도록 기도하셨다는 사실입니다. 우리의 믿음과 순종을 통해 우리는 주님 안에 거하고 주님께서는 우리 안에 거하십니다. "그날에는 내가 아버지 안에, 너희가 내 안에, 내가 너희 안에 있는 것을 너희가 알리라"(요한복음 14:20). 이 사실을 새롭게 기억하는 시간이 경건의 시간입니다. 경건의 시간은 우리가 헌신과 굴복과 순종과 섬김의 삶을 살도록 방향을 잡아 줍니다.

온전한 삶

예수님과 연합되면 온전한 삶을 살 수 있습니다. 이것은 흠 없고 완전한 삶입니다. 삶에서 거룩한 것과 세속적인 것 사이의 경계선이 사라집니다. 그리스도와 하나로 연합된 삶을 살아갈 때 그리스도께서는 당신을 통해 자신을 나타내십니다. 그리스도께서는 당신의 세계에 영향을 미치십니다. 삶의 모든 것이 거룩해집니다. 모든 것은 하나님의 영광을 위해 행해집니다. 이런 삶이 당신이 매일 어깨를 부딪치며 살아가는 세상에 아버지를 나타내는 삶입니다.

거룩하고 온전한 삶을 사는 데는, 정기적이고 뿌리를 잘 내리고 사랑이 깃든 경건의 시간만큼 필수적인 습관은 없습니다. 하나님의 존전에 날마다 나아가는 습관을 주의 깊게 기르고 하나님의 말씀을 들을 때 주님 같은 삶을 살 수 있습니다. 제레미 테일러(1613-1667)는 사람은 예배하는 삶을 통해 전인(全人)의 성화(聖化)로 나아간다고 하였습니다.

하나님과 연합된 삶을 산 사람의 좋은 예가 다니엘입니다. 그는 자신을 통해 하나님께서 일하실 것을 믿었습니다. 경건의 시간을 갖는 습관은 다니엘의 삶 속에 깊이 뿌리내리고 있었으며 밖으로도 드러나 보였습니다. "다니엘이 이 조서에 어인이 찍힌 것을 알고도 자기 집에 돌아가서는, 그 방의 예루살렘으로 향하여 열린 창에서 전에 행하던 대로 하루 세 번씩 무릎을 꿇고 기도하며 그 하나님께 감사하였더라"(다니엘 6:10).

다니엘에게는 정해진 때, 정해진 장소, 정해진 방법이 있었습니다. "전에 행하던 대로"라는 말은 그 세 가지를 단단히 묶어 주는 끈입니다. 하나님과 만나는 습관은 다니엘의 삶에서 뼈대요 힘의 원천이었습니다. 만약 당신이 하나님이 계신 곳에서 다니엘의 삶을 내려다본다면, 다니엘의 하루 삶에는 한 가지 패턴이 있는 것을 알게 될 것입니다. 날이면 날마다 다니엘이 하루 세 번씩 창에서 기도를 하고 있는 모습이 보입니다. 그 습관은 달이 가도 해가 가도 변할 줄을 모릅니다. 다른 사람들도 그 사실을 알고 있었습니다. 다니엘의 성공을 시샘하고 있었던 동료들은 하나님을 향한 다니엘의 견고한 헌신을 알고 있었습니다. 그래서 그것을 빌미로 그를 공격하고자 했습니다. 다니엘의 영적인 삶은 왕에게까지 깊은 인상을 주었습니다. 다니엘에 관한 기사에서 두 번씩이나 왕은 "너의 항상 섬기는 네 하나님"(다니엘 6:16,20)이라고 했습니다.

　다니엘은 뛰어난 능력과 성품을 지닌 사람이었습니다. 누가 봐도 알 수 있을 정도였습니다. 그것만큼 분명한 것이 또 있었습니다. 바로 하나님과 교제하는 일에 대한 그의 흔들리지 않은 헌신입니다. 다니엘은 하나님께 시간을 드리고 관심을 쏟는 것이 습관화되어 있었으며, 주위 사람들은 그의 삶에서 그 열매를 볼 수 있었습니다.

자기 백성들을 통해 역사하시는 하나님

예레미야 선지자 또한 매일 하나님과 교제하는 것이 생활화되어 있었습니다. 그는 아침마다 하나님을 만났으며, 그리고 나서 좌절감만을 안겨 주는 힘든 과업을 수행했습니다. 아무 반응도 없고 적대적인 사람들에게 예레미야는 23년 동안 매일 하나님의 말씀을 선포했습니다. 그는 그들이 귀를 기울이지 않을 것을 사전에 알고 있었습니다. 그럼에도 그는 귀를 막고 있는 사람들에게 다시 말씀을 선포하기 위해, 마지못해 발을 질질 끌면서 나아가지 않았습니다. 그렇습니다! 예레미야는 하나님과 시간을 가짐으로 불타는 마음을 갖게 되었고, 그런 마음으로 무장하고 날마다 말씀을 선포하러 나갔습니다. 하나님의 말씀은 예레미야의 입에 있는 불이었고(예레미야 5:14, 23:28-29 참조) 그의 속에서 타오르는 불길이었습니다(예레미야 20:9 참조). 날이면 날마다 예레미야는 그 불을 마음속에 품고 나갔으며, 영적 간음을 일삼는 백성들에게 하나님께 들은 말씀을 선포하였습니다.

무엇이 예레미야에게 동기를 부여하고 그 일을 계속하게 해주었습니까? 그 일에서 진척이 있어서 느끼는 보람이나, 사람들의 변화를 보는 것이나, 넘치는 건강이 아니었습니다. 그는 날마다 하나님의 말씀을 들음으로 동기를 얻었습니다. 그는 말씀에 귀를 기울였습니다. 말씀을 먹었습니다. "만군의 하나님 여호와시여, 나는 주의 이름으로 일컬음을 받는 자라. 내가 주의 말씀을 얻어먹었사오니, 주의 말씀은 내게 기쁨과 내 마음의 즐거움이오나"(예레미야 15:16). 말씀을 듣고 말씀을 먹는 것이 열정적으로 사명을 수행할 수 있게 해주었습니다.

다니엘과 예레미야처럼, 날마다 골방에서 이루어지는 것

이 다른 사람 앞에서 당신 삶에 영향을 미칩니다. 오스왈드 체임버스는 다음과 같이 말했습니다.

> 만약 예수님과의 관계가 올바르다면, 당신이 어떤 환경에 처해 있든, 날마다 누구를 만나든, 예수님께서는 당신을 통해 생수의 강물을 쏟아 붓고 계신다. 당신이 그 사실을 알지 못하게 하시는 것은 하나님의 자비이다. 일단 당신이 하나님으로 말미암아 구원받고 성화(聖化)의 과정을 밟고 있다면, 당신이 어디에 있든 하나님께서 거기에 두셨다는 것을 기억하라. 그리고 하나님께서 빛 가운데 계신 것같이 당신이 빛 가운데 거하는 한, 당신은 처한 환경에서 나타내는 반응을 통해 하나님의 목적을 성취하게 될 것이다.

당신 또한 하나님의 일을 위한 통로입니다. 예수님을 믿을 때 당신은 예수님께 연합되었습니다. 당신이 예수님과 연합된 삶을 살 때(요한복음 15:1-6 참조), 예수님의 생명은 당신을 통해 흐릅니다. 마치 수액(樹液)이 식물의 줄기와 잎맥을 통해 흘러 모든 부분에 영양을 공급하고 열매를 맺게 하듯이 말입니다. 당신의 생명은 정녕 당신을 통해 표현되고 있는 주님의 생명입니다. 그리스도께 붙어 있으면, 그리스도께서는 당신을 통해 세상에서 자신의 일을 하십니다. 경건의 시간은 당신이 그리스도와 긴밀하게 연결되도록 해 줍니다.

당신은 주님의 '터치'를 받기 위해 주님께 가까이 나아가고, 그럴 때 당신 안에 있는 주님의 생명은 다른 사람들을 '터치'합니다. 당신은 배우는 자와 제자로서 주님께 나아가고, 당신을 통해 다른 사람들은 주님을 알게 됩니다. 하나님께서는 그리스도를 아는 향기가 우리를 통해 퍼져 나가게 하십니다(고린도후서 2:14 참조). "우리는 구원 얻는 자들에게나 망하는 자들에게나 하나님 앞에서 그리스도의 향기니, 이 사람에게는 사망으로 좇아 사망에 이르는 냄새요, 저 사람에게는 생명으로 좇아 생명에 이르는 냄새라. 누가 이것을 감당하리요?"(고린도후서 2:15-16). 우리는 그런 일이 일어나고 있는지를 알아차리지 못합니다. 모르게 되어 있습니다. 우리를 통해 그리스도의 향기를 발하시는 것은 자신의 영광을 위한 하나님의 일입니다. 오스왈드 체임버스는 이렇게 썼습니다.

> 만약 하나님께 쓰임받고 싶으면, 예수 그리스도와 올바로 관계를 맺으라. 그러면 당신이 살아갈 때 하나님께서는 당신이 의식하지 못하는 가운데 매순간 당신을 사용하실 것이다.

우리가 주님께 붙어 있지 않으면, 어떻게 주님께서 자신의 생명을 우리를 통해 흘러나가게 하실 수 있겠습니까? 우리가 주님과 '하나 된 삶'을 통해 주님과 생명을 나누지 않으면, 어떻게 우리 삶을 통해 주님을 증거할 수 있겠습니까? 우리가 하나님 아버지를 알기 위해 시간을 내지 않으면,

어떻게 하나님을 나타낼 수 있겠습니까? 우리가 하나님 아버지의 말씀을 등한히 한다면, 어떻게 그 말씀을 다른 사람들에게 나눠 줄 수 있겠습니까? 우리가 하나님과 갖는 시간에 대해 무관심하다면, 어떻게 다른 사람이 하나님을 더 잘 알게 도울 수 있겠습니까? 경건의 시간은 하나님과 올바른 관계 가운데 있게 도와줍니다. 그리하여 우리가 의식하지 못하는 가운데 하나님께서 매순간 우리를 사용하실 수 있게 합니다.

다른 사람이 경건의 시간을 갖도록 도우려면

우리가 삶에서 누릴 수 있는 큰 즐거움 가운데 하나는 다른 사람이 경건의 시간을 통해 하나님을 알아 가도록 돕는 것입니다. 상대방은 그리스도를 갓 믿은 사람일 수도 있고, 믿은 지 오래 된 사람일 수도 있습니다. 어떤 사람이든 그 속에 있는 그리스도의 생명이 실제 삶에서 효과적으로 나타나게 돕는 데는 경건의 시간만한 것이 없습니다. 경건의 시간은 언제나 개인적인 것이요 사람에 따라 다르기 때문에, 경건의 시간을 갖게 도와주려는 사람에 대해 주의 깊게 알아보아야 합니다.

1. 그의 배경은 어떤가? 교회 배경이 있는가?
2. 그의 성경 지식은 어떤가?
3. 그는 인생의 어떤 단계에 있으며, 그의 환경은 어떤가?
4. 그의 영적 식욕은 어떤가?

몇 년 전의 일인데, 한 번도 만난 적이 없는 목사로부터 전화를 받았습니다. 그 목사는 자기가 예수님께 막 인도한 젊은 여성이 하나 있는데, 그를 영적으로 도와줄 수 있겠는지 물었습니다. 메리라는 여성이었습니다. 메리는 활달하고, 솔직하고, 자유분방했습니다. 나는 곧 그를 좋아하게 되었습니다. 우리가 친숙해지면서 그에 대해 알게 된 것은, 그는 교회에도 나가지 않으며 성경 지식도 별로 없다는 것이었습니다. 내가 보기에 그는 영적으로 활기가 넘치고 갈급함도 있었습니다.

우리는 그리스도께 삶을 드리기로 했던 그의 결단에 대해서도 이야기하고, 그가 살기 시작한 놀랍고 새로운 삶에 대해서도 대화를 나누었습니다. 나는 나 자신이 경험했던 예수님에 대해 좀 나누고, 매일 아침 주님을 만나는 것이 이 새로운 삶을 사는 데 어떻게 도움이 되었는지 말해 주었습니다. 그리고 나서 하나님과 날마다 만나 시간을 보내도록 격려했습니다.

시작을 돕기 위해, 스프링 노트 한 권을 주고 나서 성경이 있는지 물어 보았습니다. 메리의 배경과 환경을 고려할 때 단순한 접근 방식이 필요했습니다. 나는 메리에게, 성경은 예수님께서 이땅에 오시기 전에 기록된 것(구약성경)과 오신 후에 기록된 것(신약성경)으로 나누어진다는 것을 설명해 주었습니다. 신약성경의 첫 네 권은 예수님께서 이땅에 계실 때 있었던 일을 보여 줍니다. 나는 마가복음을 읽도록 권하면서 이런 제안을 했습니다. "읽기 전에 잠시 시간을 내어, 하나님께서 당신에게 가르쳐 주시도록 기도하세요.

그리고 나서 천천히 한 장을 죽 읽어 나가도록 하세요. 다 읽었으면, 그 장에서 좋았던 구절을 노트에 기록하세요. 다음주에 만날 때, 그 노트와 성경을 가지고 오세요." 이런 과제는 전혀 부담을 주지 않습니다. 맞거나 틀린 것이 없고, 단지 좋았던 구절을 적어 오라는 것이기 때문입니다. 그러나 그 과제로 인해 묵상을 시작하게 되었습니다. 메리는 어느 구절이 가장 좋았는지 깊이 생각해 보아야 했습니다. 또한 그 구절을 옮겨 적으면서 더 생각을 하게 되었습니다.

다음주에 메리는 노트와 성경과 함께 질문을 한 아름 안고 왔습니다. 메리는 날마다 경건의 시간을 가졌고, 노트에 옮겨 적은 구절들을 나에게 소리 내어 읽어 주었습니다. 나는 "메리, 왜 그 구절을 골랐는지 얘기해 줄 수 있어요?" 하고 물어 보았습니다.

두 번째 주에는 다음과 같은 과제를 주었습니다. "이번 주에는 좋았던 구절을 적고, 왜 그 구절을 택했는지 간단하게 적어 보세요." 과제를 조금 더 줌으로써, 읽은 것에 대해 좀더 깊게 그리고 자신과 연관하여 생각하도록 도와준 것입니다. 그리고 날마다 잠깐 시간을 내어 자신의 새로운 삶에 대해 하나님께 감사드리고 하나님의 도움을 구하도록 격려했습니다. 나는 메리와 만나 한 주 동안의 경건의 시간에 대해 나누는 시간이 기다려졌습니다.

대학 1학년인 멜로디는 메리와는 달리 교회에서 자랐고 기본적인 성경 지식이 있었습니다. 멜로디는 경건의 시간에 대해 대충 알고 있었고, 갖기 위해 그동안 이런저런 시도도 해보았습니다. 멜로디는 "그 시간이 중요하다는 건 알아요. 하지만 3일 이상 연속해서 갖는 게 너무나 어려워요"라고 하면서 몹시 괴로워했습니다. 그래서 나는 2장에 나오는 4R 접근법을 사용해 보라고 했습니다.

경건의 시간을 갖도록 다른 사람을 돕는 법

이유를 말해 준다 – 동기를 부여해 주십시오.
방법을 보여 준다 – 어떻게 갖는지를 가르쳐 주십시오.
계속하도록 해준다 – 문제를 해결해 주고, 더 풍성해지도록 도와주고, 상황에 맞추어 과제를 바꾸어 주십시오.
전달하게 돕는다 – 배우고 있는 것을 다른 사람들과 나누도록 격려하십시오. 그를 도와 마침내는 그도 다른 사람이 주님을 만나도록 돕게 하십시오.

변화된 삶

내가 수양회에서 말씀을 전하기 전에 남편은 종종 이렇게 묻습니다. "당신은 이 수양회에 참석한 사람들의 삶에 어떤 일이 일어나기를 바라오?" 남편은 그 수양회의 주제가 무엇이든 내 대답은 언제나 똑같다는 사실을 상기하게 합니다. "난 그들이 경건의 시간을 통해 하나님을 만나기를 바라지요."

이 책은 남편의 아이디어입니다. 그는 "경건의 시간은 당신이 제일 좋아하는 것이지"라고 말했습니다. 경건의 시간은 내가 제일 좋아하는 것입니다. 나의 삶을 돌아보면, 그 시간만큼 큰 영향을 끼치는 것이 없기 때문입니다.

일생 동안 가진 경건의 시간

예수님을 영접할 당시, 나는 교회 배경이 많지 않았고 성경은 전혀 몰랐습니다. 나는 하나님께 말씀드리거나 하나님을 향한 나의 사랑을 다른 사람과 나누는 데 부족함을 느꼈습니다. 대개 나의 기도는 말이 없는 기도로서, 나를 향한 영원한 사랑을 조용히 묵상하는 것 정도였습니다. 성경을 읽으면서 내가 살고 있는 새로운 삶에 대해 조금씩 알아 가기 시작했습니다. 말로 하는 기도도 하게 되었습니다. 나는 조용히 혼자서 하나님을 찾았습니다. 그것은 무슨 훈련이 아니었습니다. 사랑이었습니다. 하나님과 함께하는 그 아침 시간, 40여 년 전에 갖기 시작한 그 시간은 그 후 늘 내 삶의 중심이었습니다.

하지만 흔히 경험하는 갈등이 없었던 것은 아니었습니다. 나 역시 더러 갈등을 느꼈습니다. 하나님께서 임재의 흔적만 남기고 사라지신 것 같은 때도 있었습니다. 일정이 빡빡하고 중압감도 몰려와 '경건의 시간을 빼먹는 것이 짐을 더는 일시적 방편이 되지 않을까?' 하고 생각했던 때도 있었습니다. 외국에서 살고 있는데 아기가 연달아 태어나 우리 가족 속으로 밀고 들어온 때도 있었습니다. 우리 가족은 우리와 함께 살며 영적 훈련받는 사람들로 이미 대가족이 되어 있었던 터였습니다. 그때는 젖을 먹이면서 경건의 시간을 가졌습니다. 너무나 피곤하여 정신이 맑지 못할 때도 하나님과 만나거나, 아니면, 적어도 만나려고 시도는 했습니다.

당신은 물을 것입니다. "왜 그렇게 악착같이 그 시간을 가지려고 하세요? 너무 할 일이 많아 한 가지도 더 첨가할 수 없을 때가 있다는 걸 하나님께서도 이해하십니다."

하지만 내가 주님을 만나려고 계속 노력했던 것은 나와 주님은 하나이기 때문입니다. 나는 주님으로부터 나 자신을 분리할 수가 없습니다. 주님의 영이 내 안에 거하십니다. 주님의 생명은 이제 나의 생명입니다. 그래서 나는 계속 주님께 나아갑니다. 나아가지 않을 수가 없기 때문입니다.

이 책을 쓰면서 때때로 의문이 생기기도 했습니다. "내가 도대체 누구이기에 하나님과 만나는 것에 대한 책을 쓰고 있지? 내가 하나님과 만나는 시간은 분명 다른 사람에게 본이 못 돼. 겨우 가진 적도 많고, 때로는 몇 시간 전에 가진 경건의 시간 내용이 하나도 생각이 나지 않잖아."

하지만 계속 썼던 것은 내가 삶에서 가장 중요하다고 확신하고 있는 습관을 당신도 갖도록 권하고 싶었기 때문입니다. 또한 내가 계속 썼던 것은 비록 당신이 결국 나처럼 된다고 해도, 그리하여 40년이나 그 시간을 가지고도 여전히 초심자처럼 느낀다 해도, 우리는 옳은 방향으로 나아가고 있는 것이기 때문입니다. 바로 하나님의 가슴을 향해 나아가고 있으니까요.

이 장은 마지막 장입니다. 우리가 헤어질 때가 다가왔습니다. 하지만 나는 이 책이 당신과 늘 함께하며 계속 당신에게 도움이 되었으면 합니다. 처음으로 읽을 때는 지나쳤던 아이디어가 훗날 다른 상황에서는 활용될 수 있을지도 모릅니다. 다른 사람이 주님과의 시간을 어떻게 가졌는지를 보여 주는 실례들은 하나님과의 관계는 개인적이고 독특하다는 사실을 상기시켜 줄 것입니다. 본문에 싣기에는 설명이 너무 긴 몇 가지 아이디어들을 부록에서 소개합니다. 먼 훗날까지 두고두고 경건의 시간을 풍성하게 해줄 아이디어들입니다.

바로 지금이 하나님과의 관계를 발전시키는 일에 대해 생각해 보기에 좋은 때입니다. 이제 어떻게 하겠습니까? 당신은 무엇을 배웠습니까? 주님과 만나는 것에 대해 얼마나 이해하고 있습니까? 경험은 어느 정도입니까? 얼마나 꾸준히 주님과 만나고 있습니까?

사도 바울을 생각해 보십시오. 나이가 많이 들었을 때였는데, 그는 삶에서 제일 좋아하는 것을 이렇게 표현했습니다. "내가 그리스도와 그 부활의 권능과 그 고난에 참예함을 알려 하여 그의 죽으심을 본받아"(빌립보서 3:10). 우리가 잘 아는 이 구절이 그의 삶의 목표와 방향을 간단히 요약합니다. 그것은 또한 우리 모두가 진정으로 기도해야 할 내용이기도 합니다. 그리스도를 알아 가게 해주옵소서!

경건의 시간을 위한 기도

주님께 감사하여 제가 무엇을 주님께 드릴 수 있겠습니까? 제 자신밖에 없나이다. 제 삶을 빈 그릇으로 주님께 드리오니 주님의 목적과 영광을 위해 사용해 주소서. 저를 정결케 해주소서. 주님의 것으로 삼으소서. 저를 채우소서. 저를 사용하소서. 주님께서는, 저를 지으시고 주님 것으로 택하실 때 마음에 품고 계셨던 바가 있었나이다. 그대로 되게 저를 빚어 주소서.

> 주님, 저는 주님을 믿지 못하기도 하고 교만해지기도 하고 주님을 거역하기도 합니다. 그렇게 되기가 너무나 쉽나이다. 오늘을 살아갈 때 주님을 신뢰하게 해주시고, 주님께서 말씀하시는 것은 모두 참되고 옳고 선하다는 것을 믿게 해주소서. 주 예수님처럼 살게 도와주셔서 온전히 아버지 하나님을 의지하게 해주소서. 모든 일에서 순종하려는 마음을 갖게 해주소서.
>
> 주님, 저는 주님 안에 있고, 주님께서는 제 안에 계십니다. 하루 종일 제가 주님께 붙어 있으며, 연결되어 있으며, 주님과 하나 된 삶을 살게 해주소서. 성령의 음성에 귀를 기울이며 순종하게 해주소서. 저를 통해 주님의 생명이 흐르게 하소서. 그리하여 제게 주님을 온전히 나타내 주시고, 저를 통해 세상에 주님을 온전히 나타내 주소서. 온유한 마음을 갖게 해주시고, 저로 하여금 주님의 마음을 갖게 하사 만나는 사람들에게 주님의 자비를 전달하는 그릇이 되게 해주소서. 오늘 하루를 살아가면서 무슨 일을 하든지 주님께 하듯이 성실하고 부지런히 하게 해주소서.
>
> 모든 일에서 주님의 뜻을 분명하게 보여 주시고, 그 뜻을 행할 수 있게 은혜를 베풀어 주소서.
>
> 그 무엇보다도, 제가 주님의 형상을 닮아 가게 해주소서. 주님의 영광과 주님 나라의 발전을 위해, 어떤 일에서든 주님께서 제 마음의 왕좌를 차지하소서.

요 약

하나님과 만나기 위해 평생 동안 삶에서 시간을 확보하기로 결단하십시오. 예수님께 붙어 있도록 하십시오. 그리하여 예수님께서 당신의 삶에서 자신을 나타내시고 또한 당신을 통해 다른 사람들에게 자신을 나타내시게 해드리십시오.

다른 사람이 하나님과 정기적으로 만나는 기쁨을 맛보도록 도와주십시오.

개인 적용을 위한 도움말

다음달의 경건의 시간을 위해 계획을 짜십시오. 당신의 계획을 아래에 적어 두십시오. 나중에 다시 기억하는 데 도움이 될 것입니다.

묵상과 토의를 위한 질문

1. 지금은 배운 것을 평가하기에 좋은 시간입니다. 이 책에서 배우기도 하고, 당신이 경건의 시간을 가지면서 배우기도 하고, 토의 그룹에 속해 있다면 그룹 사람들한테서 배우기도 했을 것입니다. 배운 것을 평가해 보십시오.

2. 어떤 태도와 선택과 결단이 당신이 좀더 꾸준히 경건의 시간을 갖는 데 도움이 되고 있습니까? 장애물에는 어떤 것이 있습니까?

3. 하나님과 만나는 시간을 갖도록 도와주고 싶은 사람이 있습니까? 그 사람의 어떤 요소를 고려해야 하겠습니까?(성경 지식, 환경, 기타 등등) 그 사람에게 맞는 계획을 짜보십시오.

4. 경건의 시간을 정기적으로 갖는 것이 당신 삶에 어떤 변화를 가져왔습니까?

부 록

"평안 얻기" 훈련(3장)

몇 년 전의 일입니다. 우리가 교회에 갔을 때 집에 도둑이 들었습니다. 이런 일이 그 후 몇 차례나 더 있었습니다. 그래서 혼자서 집에 돌아올 때는 늘 걱정이 되었습니다. 도둑과 마주치지나 않을까 해서입니다. 경건의 시간에 하나님께서는 자신이 누구이며 어떤 분인지 생각나게 해주셨습니다. 나는 하나님의 속성을 하나씩 묵상하면서 나의 환경을 그 속성에 비추어 생각해 보았습니다. 묵상을 소개합니다.

하나님을 바라보라

문제: 도둑이 든 것

하나님께서는 모든 것을 아신다
하나님께서는 누가 그런 짓을 했는지, 왜 그런 짓을 했는지, 우리가 그 일로부터 무엇을 배우기 원하시는지, 어떻게 그 일이 하나님께 영광이 될 수 있는지, 어떻게 하면 그 도둑을 잡을 수 있는지 아신다. 하나님께서는 이 일이 얼마나 나를 당황스럽게 하는지도 아신다. 하나님께서는 우리의 수입이 얼마인지도 아신다.

하나님께서는 전능하시다

하나님께서는 도둑이 들지 않게 하실 수 있다. 또한 우리 평생 동안 계속 도둑이 든다 해도 우리를 부양하실 수 있다. 하나님께서는 그 일을 사용하여 우리의 삶에서, 그 도둑의 삶에서, 다른 그리스도인의 삶에서, 선을 이루실 수 있으며, 복음의 진보를 이루실 수도 있다(빌립보서 1:12 참조). 하나님께서는 우리와 우리 재산을 보호하실 수 있고, 모든 것을 가져가실 수도 있다.

하나님께서는 편재하신다

하나님의 눈은 우리와 그 도둑을 살펴보고 계신다(잠언 15:3 참조). 내가 도둑과 직접 맞닥뜨린다고 해도 나와 함께하신다. 나는 두려워할 필요가 없다. 하나님께서 곁에 계시기 때문이다.

하나님께서는 나를 사랑하신다

하나님께서는 나를 사랑하시며, 하나님의 사랑이 허락하지 않는 한 아무것도 나를 건드리지 못한다. 도둑이 침입한 것도 하나님께서 우리를 사랑하시기 때문에 우리 삶에 허락하신 것이다. 하나님께서는 그 도둑도 사랑하신다.

하나님께서는 나의 아버지시다

아버지는 자녀들을 가르치고 훈련시킨다. 아버지는 공급해 주고, 위로해 주고, 설명해 준다.

"하나님, 그 도둑 침입도 의미를 갖게 하시고 그 사건을 우리

> 삶에서 사용하여 선을 이루심을 감사드립니다. 그 사건을 통해 우리를 주님께 더 가까이 이끄심을 감사드립니다."

영적 식욕 돋우기(5장)

때때로 영적으로 메마른 시기를 경험할 때, 당신은 영적 식욕이 떨어지는 것을 느낄 것입니다. 하나님과 말씀을 다시 갈망하게 해주는 애피타이저를 먹어 보십시오. 당신이 먹을 만한 것을 소개합니다.

애피타이저 1

여호수아 1:8 - "이 율법책을 네 입에서 떠나지 말게 하며, 주야로 그것을 묵상하여 그 가운데 기록한 대로 다 지켜 행하라. 그리하면 네 길이 평탄하게 될 것이라. 네가 형통하리라."

이 구절을 묵상하십시오. 묵상하면서, 각 단어의 사전적 정의를 알아보고, 다른 번역의 성경도 참조해 보십시오.

애피타이저 2

가깝게 지내는 캐나다 사람인 존은 인칭 대명사를 바꾸어서 성경 구절을 다시 써봅니다. 여호수아 1:8은 다음과 같이 됩니다. 나는 이 율법책을 내 입에서 떠나지 말게 하며, 주야로 그것을 묵상하여 그 가운데 기록한 대로 다 지켜 행하겠다. 그리하면 내 길이 평탄하게 될 것이다. 나는 형통할 것이다.

이렇게 이 말씀을 당신의 삶에 개인적으로 적용하기 위해서는 무엇이 필요할지 깊이 생각해 보십시오. 여호수아 1:8에서 명하고 있는 내용이 삶에서 그대로 이루어진다면, 당신 삶은 어떻게 될까요? 그렇게 되도록 하기 위해 어떤 조처를 취할 수 있겠습니까?

애피타이저 3

관련이 있는 두 말씀을 함께 묵상하면 아주 맛있는 진미가 됩니다.

예 1

여호수아 1:8 - "이 율법책을 네 입에서 떠나게 하지 말며, 주야로 그것을 묵상하여 그 가운데 기록한 대로 다 지켜 행하라. 그리하면 네 길이 평탄하게 될 것이라. 네가 형통하리라."

욥기 23:12 - "내가 그의 입술의 명령을 어기지 아니하고 일정한 음식보다 그 입의 말씀을 귀히 여겼구나."

예 2

여호수아 1:8 - "이 율법책을 네 입에서 떠나게 하지 말며, 주야로 그것을 묵상하여 그 가운데 기록한 대로 다 지켜 행하라. 그리하면 네 길이 평탄하게 될 것이라. 네가 형통하리라."

예레미야 15:16 - "만군의 하나님 여호와시여, 나는 주의 이름으로 일컬음을 받는 자라. 내가 주의 말씀을 얻어먹었사오니, 주의 말씀은 내게 기쁨과 내 마음의 즐거움이오나."
(당신의 식욕을 돋우기 위한 이러한 애피타이저를 새롭게 만들어 보십시오.)

시각화(視覺化): '십자가의 길'(7장)

예수님께서는 유형적인 것을 뜻하는 말로 무형적인 영적 진리를 이해하게 도와주셨습니다. 예를 들면, 주님 자신을 목자요, 생수요, 포도나무요, 신랑이라고 하셨습니다. 또한 자신의 몸과 피의 상징으로서 떡을 먹고 잔을 마시라고 하셨습니다. 구약성경에 보면, 하나님께서는 정밀한 설계도를 따라 성막을 만들도록 명하셨습니다. 성막의 각 부분은 심오한 영적 진리를 나타내고 있었습니다.

영적 진리를 이해하기 위해 유형적인 것을 활용해 보십시오. 예를 들면, 세상의 빛인 예수님을 묵상하기 위해 촛불이나 손전등, 또는 램프를 이용할 수도 있습니다. 결혼식에 참석할 기회가 있으면, 신랑을 보면서 우리의 신랑이신 예수님을 깊이 묵상해 보십시오. 가시적인 많은 것들이 영적 진리를 더 깊이 이해하는 데 도움이 될 수 있습니다.

예로부터 사람들은 예수님께서 십자가로 나아가신 것을 좀더 실감나게 묵상하기 위해 '십자가의 길'을 만들기도 했습니다. 그 길에는 중간 중간에 십자가를 전후하여 예수님께 있었던 사건들을 묵상하는 장소가 있어서, 그 길을 죽 따라가면서 해당 장소에서 해당 사건을 묵상하게 됩니다. 내가 좋아하는 것은 부활과 승천으로 끝나는 길입니다.

종종 예수님의 희생을 깊이 묵상해 보는 것은 참으로 유익합니다. 그리스도 안에 있는 사람들에게 십자가는 삶의 축입니다. 우리가 예수님과 더불어 걷는 모든 길은 십자가에서 시작됩니다.

예수님의 십자가를 더 깊이 이해하고 음미해 보기 위해 실내나 정원 또는 가까운 공원 같은 곳에 당신 나름대로 '십자가의 길'을 만들어 보십시오. 다음과 같이 하면 됩니다.

- 각 복음서에서 예수님의 십자가를 전후한 사건들을 기록하고 있는 장을 여러 차례 읽으십시오. 마지막 부분에 있는 장입니다.
- 중요한 사건으로 생각되는 것들을 기록하여 사건 목록을 만드십시오.
- 그 목록을 기초로 하여, 각 사건을 묵상하기 위한 장소를 정하십시오.

이렇게 '십자가의 길'을 만들었으면, 그 길을 이용하여 주님의 고난을 묵상해 보십시오. 장소마다 잠시 멈추어 묵상하면서 전 코스를 죽 통과해 갈 수도 있고, 어떤 특정 장소에서 많은 시간을 들이고, 코스의 나머지 부분을 통해서는 특정 사건의 전후에 있은 일만 파악할 수도 있습니다.

시간을 얼마나 들이며 어떤 속도로 진행하든, 전 코스를 다 밟도록 하십시오. 그렇게 함으로써 그리스도께서 당신을 대신하여 죽으셨다가 부활하셨으며, 다시 오실 것이라는 사실을 가슴 깊이 새기도록 하십시오.

내가 만든 '십자가의 길'

나는 십자가를 둘러싼 여러 사건에 관한 복음서의 기사(마태복음 26-28장, 마가복음 14-16장, 누가복음 22-24장, 요한복음 18-20장 참조)를 깊이 묵상하며 경건의 시간을 가졌습니다.

그러고 나서 카드에다 주요 사건에 관한 말씀들을 이 장들로부터 옮겨 적었습니다(수첩 같은 것도 가능). 이 카드를 지니고 각 장소에 멈춰 서서 이땅에서의 마지막 날들에 주님께 일어났던 사건들을 깊이 생각합니다. 각 카드에는 특정 사건이 기록되어 있습니다. 예를 들면, 군병들에게 모욕을 받으신 것(마태복음 27:27-31 참조), 겟세마네 기도(마가복음 14:32-36 참조) 등.

나는 장소 네 곳을 정합니다. 그리한 후, 각 장소에서 멈추고 십자가 전후에 주님께 있었던 일과 그것이 내 삶에서 의미하는 바를 깊이 묵상합니다.

1. 십자가에 못박히시기 직전에 있었던 일. 예를 들면, 베드로의 부인을 미리 말씀하신 것(마가복음 14:27-31 참조), 또는 제자들이 기도는 않고 잠들어 있는 것을 보신 것(마가복음 14:37-42 참조).
2. 십자가를 지신 후에 있었던 일. 예를 들면, 모욕을 받으신 것(마가복음 15:25-32 참조).
3. 부활과 관련된 일(누가복음 24:1-6 참조).
4. 제자들에게 지상사명을 주시고 나서(마태복음 28:19-20 참조), 승천하신 것.

나는 한 장소에 서서(예를 들면, 나무 곁) 예수님께서 십자가에

> 못박히시기 전에 일어났던 어떤 사건을 묵상합니다. 다음 장소(예를 들면, 바위 곁)로 걸어가면서, 나는 골고다로 향하는 예수님을 따르고 있다고 상상합니다. 골고다를 나타내는 장소에서는 오래 머물면서 깊이 묵상에 잠깁니다. (나 자신을 예수님이라고 생각해 보거나, 십자가에 못박히시는 것을 구경하고 있는 사람으로 생각해 봅니다.) 각 장소에서는, 해당 사건에 관한 말씀이 기록된 카드를 사용함으로 생각의 초점을 맞추는 데 도움을 얻습니다. 한 장소에서 다음 장소로 걸어가는 것은 장소에 머무는 것만큼이나 의미가 있습니다. 사건의 연결 등, 전체 그림을 상기시켜 주기 때문입니다.

회복되고 새로워지는 데 도움이 되는 말씀(7장)

예수님께서는 자신에 관한 이사야의 예언을 성취하셨습니다. "상한 갈대를 꺾지 아니하며, 꺼져 가는 등불을 끄지 아니하고"(이사야 42:3, 마태복음 12:20). 예수님께서는 상한 자들에게 관심을 기울이십니다. 이 사실을 알면 얼마나 기쁜지 모릅니다. 누구나 살다 보면 만신창이가 된 듯한 때가 있기 때문입니다. 그래서 치유받고 회복되는 것이 필요합니다. 또한 우리 모두는 여러 면에서 새로워지는 것이 필요합니다.

회복되거나 새로워지는 데 도움이 되는 말씀들을 소개합니다. 다음 목록은 주제와 해당 구절을 보여 줍니다. 기도로 주님 앞에 나아갈 때, 이 목록을 사용해 보십시오. 당신의 필요를 깨닫거나 채움받을 수도 있고, 주님의 사랑의 손길을 경험할 수도 있으며, 주님께로부터 받은 은혜와 사랑을 주위 사람들에게 나누어 주어야 한다는 사실을 새삼 깨달을 수도 있습니다. 한 예로, 다음 목록에서 당신의 필요를 보여주는 주제와 해당 구절을 찾아보십시오. 그 구절들을 묵상하십시오. 훗날 찾아보기 위해 구절의 내용을 노트에 옮겨 적는 것도 좋습니다.

말씀을 섭취하는 기회를 통해(예, 성경 읽기, 성경공부 등), 회복되거나 새로워지는 되는 데 도움이 되는 주제나 말씀이나 발견되면, 이 목록에 첨가해 나가십시오.

하나님의 선하신 계획 - 예레미야 29:11, 로마서 8:28
결코 우리를 버리지 않으심 - 히브리서 13:5, 이사야 49:15
영생을 얻음 - 요한일서 5:13-15, 요한복음 6:47
거듭남 - 요한복음 3:3-8, 디도서 3:5, 베드로전서 1:3,23
넘어져도 일으켜 주심 - 시편 37:24-25, 시편 145:14, 잠언 24:16
부르면 응답하심 - 이사야 58:9
영적 풍성함의 비결 - 이사야 58:10-12
첫 사랑 회복의 필요성 - 요한계시록 2:4-5
우리의 권세와 능력 - 요한복음 1:12, 사도행전 1:8
책망을 잘 받아들여야 함 - 잠언 9:8-9, 디모데후서 3:16, 디모데후서 4:2, 요한계시록 3:19
헌신해야 함 - 열왕기상 8:61, 역대하 16:9
하나님께 모든 것을 맡겨야 함 - 시편 37:5, 잠언 16:3, 베드로전서 4:19
우리는 하나님과 화목됨 - 로마서 5:10, 고린도후서 5:18
하나님의 인자와 능력을 깨달아 감 - 시편 107:43, 이사야 41:20
예수님을 아는 것의 가치 - 빌립보서 3:8

우리를 생각하심 - 시편 40:5, 시편 139:17-18
고난의 목적 - 이사야 38:15-19
구속받음 - 시편 71:23, 시편 107:2, 갈라디아서 3:13
기쁨과 평강을 주심 - 시편 16:11, 로마서 15:13
연단하심 - 다니엘 11:35, 스가랴 13:9
피난처 - 시편 36:7, 시편 46:1, 시편 57:1-2, 잠언 14:26
주님 안에서 기뻐함 - 시편 5:11, 시편 13:5-6, 누가복음 10:20, 빌립보서 4:4
진정한 자유 - 이사야 61:1, 요한복음 8:31-36, 로마서 6:22
전적으로 의탁함 - 욥기 1:21-22, 다니엘 3:28, 누가복음 9:23-25
하나님을 의뢰함 - 역대하 13:18, 잠언 3:5-6, 이사야 50:10
이전에 행하신 일을 기억해야 함 - 신명기 8:2, 시편 77:11-12, 에베소서 2:11-13
영육을 새롭게 하심 - 시편 51:10, 이사야 40:31
하나님의 치유 - 욥기 5:17-18, 이사야 61:1-4
회개해야 함 - 시편 37:27, 예레미야 18:7-8, 마태복음 3:8, 로마서 2:4, 고린도후서 7:9-10
유쾌함을 주심 - 예레미야 31:25
건져 주심 - 시편 97:10, 다니엘 3:28-29, 다니엘 6:26-27
마귀를 대적해야 함 - 야고보서 4:7, 베드로전서 5:9
쉼을 주심 - 시편 91:1, 예레미야 6:16, 마태복음 11:28
심령을 새롭게 해주심 - 시편 23:3, 시편 51:10-12
하나님께 돌아가야 함 - 예레미야 15:19, 요엘 2:12-14
자신을 나타내 주심 - 신명기 4:29, 이사야 65:1, 예레미야 29:13, 요한복음 14:21
염려를 주님께 맡김 - 빌립보서 4:6-7, 베드로전서 5:7
하나님을 경외해야 함 - 말라기 4:2, 히브리서 12:28-29

하나님께 짐을 맡김 - 시편 55:22, 시편 68:19
우리의 놀라운 신분 - 벧전 2:9-10

기도의 한나절을 보내는 법(8장)
첫째 시간(예배에 초점을 맞춤)

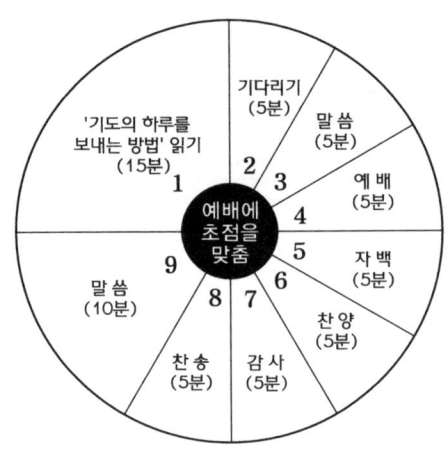

설명:
1. 소책자 '기도의 하루를 보내는 방법'(론 쎄니 저, 네비게이토 출판사 간)을 읽으십시오.
2. 잠시 시간을 내어 기다리면서 주님의 임재를 느끼도록 하십시오.
3. 시편 139편을 읽으십시오.
4. 시편 139편은 하나님의 전지(全知)하심, 편재(遍在)하심, 그리고 전능(全能)하심에 대해 보여 줍니다. 그 말씀에서 보여 주는, 하나님의 위대하심에 대해 찬양하고 예배하십시오.
5. 시편 139:23-24을 가지고 기도하십시오. 자백할 필요가

있는 것에 하나님께서 당신의 관심을 끄시게 해드리십시오. 당신 편에서 행동에 옮겨야 할 것이 있으면 메모를 해두십시오. 예를 들면, 하나님뿐만 아니라 어떤 사람에게 자백하는 것 등.
6. 하나님의 성호들을 사용하여 하나님을 더 찬양하십시오.
7. 지금까지 당신에게 해주신 모든 것에 대해 하나님께 감사하십시오.
8. 애창하는 찬송가를 한두 곡 부름으로 하나님을 향한 사랑을 표현하십시오.
9. 시편 103편과 104편을 읽고 그 내용을 가지고 기도하십시오.

둘째 시간(중보 기도에 초점을 맞춤)

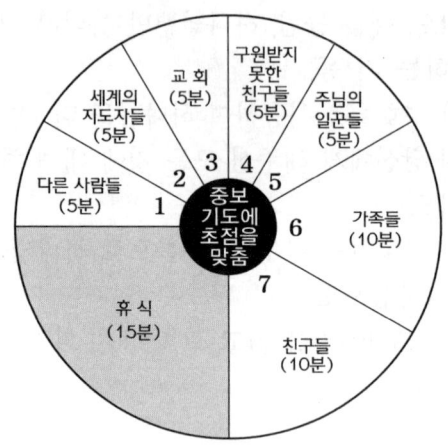

설명:
1. 다른 사람들을 위해 기도하십시오. 당신은 기도를 통해 세계 어느 곳에 있는 사람들의 삶에든 영향을 미칠 수 있습니다. 마음을 고요하게 하십시오. 다른 사람들을 위해 기도할 때 성령께서 이끌어 주시도록 기도하십시오.
2. 우리나라의 지도자들과 다른 나라들의 지도자들을 위해 기도하십시오(디모데전서 2:1-2 참조).
3. 교회를 위해 기도하십시오. 우리나라의 교회와 다른 나라의 교회를 위해 기도하십시오(에베소서 5:26-27 참조). 가난하고, 핍박받고, 고립되어 있는 교회들을 위해 기도하십시오.
4. 구원받지 못한 친구들을 위해 기도하십시오(디모데전서

2:3-6 참조).
5. 전 세계의 전임 사역자들을 위해 기도하십시오(골로새서 1:9-11, 4:6,17 참조). 당신의 영적 지도자들과 당신이 알고 있는 선교사들을 위해 기도하십시오.
6. 가족들을 위해 기도하십시오(창세기 18:19 참조).
7. 특별한 친구들을 위해 기도하십시오.
8. 15분 동안의 휴식을 취하는 것으로 두 번째 시간을 끝내십시오. 일어나서 이리저리 왔다갔다하거나, 잠시 산책을 하거나, 음료수를 드십시오.

세 번째 시간(간구에 초점을 맞춤)

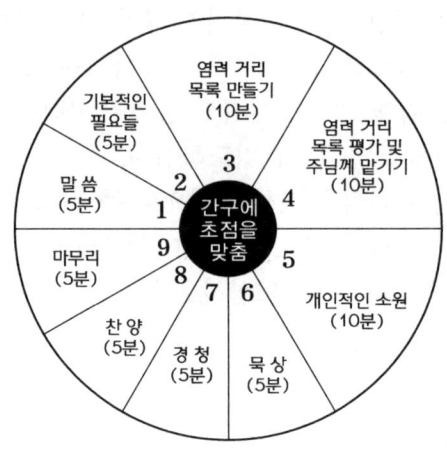

설명:
1. 마태복음 6:6-15을 읽고 묵상하십시오.
2. 마태복음 6:11을 토대로 하여, 당신의 일상적인 삶에 기본이 되는 필요들을 주님 앞에 가지고 나가십시오.
3. 현재의 갈등, 문제, 관심사, 혹은 좌절을 느끼는 것을 죽 적어 목록을 만드십시오. 아무리 사소한 것이라도 포함시키십시오. 그 밖에도 당신이 염려하고 있는 것이 있으면 보여 주시도록 하나님께 기도하십시오.
4. 염려거리 목록을 죽 훑어보면서 문제 해결을 위해 할 수 있는 것이 있는지 알아보십시오. 어떤 것들에 대해서는 당신이 할 수 있는 것이 아무것도 없을 수도 있는데, 그럴 때는 그것들에 대해 기도하십시오. 해결을 위해 구체적

으로 하고자 하는 것들을 죽 열거해 나가십시오.
5. 필요는 아니지만 하나님께서 해주셨으면 하고 소원하고 있는 것이 있으면 이를 아뢰십시오(시편 37:4-5 참조).
6. 마태복음 7:7-12을 읽고 묵상하십시오.
7. 하나님께서 성령을 통해 당신의 마음에 말씀하시도록 해드리십시오. 잠잠하십시오. 말씀해 주시는 것을 죽 기록해 나가거나, 하시는 말씀에 응답하도록 하십시오.
8. 하나님께서는 크시며 우리의 구한 것 이상을 하실 수 있는 능력을 가지고 계십니다. 이 사실에 대해 찬양하십시오(시편 100:4, 마태복음 6:13 참조).
9. 마무리하면서, 이 시간을 통해 가장 감명 깊었던 것을 기록하십시오. 예를 들면, 어떤 성경 말씀이 특별히 강하게 마음에 와 닿았을 수도 있습니다. 혹은 당신이 맞이하고 있는 문제들을 해결하기 위한 아이디어를 하나님께서 주셨을지도 모릅니다. 이제 하나님께서 함께하신다는 확신을 가지고 일상생활로 들어가십시오.

참고 도서

네비게이토 출판사에 나온 다음 책들은 경건의 시간을 갖는 데 도움을 줍니다.

하나님과 함께 7분간(로버트 포스터)
주님과의 교제를 위해 처음부터 많은 시간을 들여야 한다고 생각할 필요는 없습니다. 하루 7분만 내면 주님과의 교제를 시작할 수 있습니다. 이를 위한 방법을 간략하게 소개하고 있습니다.

경건의 시간
본서는 하나님과의 교제가 중요하다는 사실을 깊이 깨닫게 하며, 하나님과의 교제 계획을 세우고 실천하는 것을 도와줍니다.

경건의 시간을 갖는 법(워렌 마이어즈 부부, 소책자 42번)
본 소책자는 하나님과의 교제의 중요성, 경건의 시간으로부터 유익을 얻는 법, 경건의 시간을 위한 계획 등과 경건의 시간을 갖는 방식 몇 가지를 설명하고 있습니다.

제자의 삶을 위한 매일의 말씀(리로이 아임스)
본서는 1년 동안 하루에 한 주제씩 말씀을 묵상할 수 있게 해줍니다. 매일 읽어야 할 말씀과 그 말씀을 토대로 한 묵상, 기도할 내용 등을 싣고 있습니다.

찬양의 31일(룻 마이어즈)
날마다 하나님을 찬양함으로써 하나님이 어떤 분인지를 깊이 알고 경험하게 되며, 당신의 마음은 경이감과 놀라움으로 가득 차게 됩니다. 본서는 한 달 동안 매일 사용할 수 있는 찬양 기도문과 해당 성경 구절을 담고 있습니다.

기도의 31일(마이어즈 부부)
본서는 무엇을 위해 기도할지를 보여 줌으로 기도 생활을 한 단계 높여 줍니다. 한 달 동안 각 날짜에 기도하는 데 도움이 되는 기도문과 성경 말씀, 기도를 위한 도움말 등을 싣고 있습니다.

기도의 하루를 보내는 방법(론 쩨니, 소책자 8번)
하루를 내어 기도 시간을 갖는 법을 소개하고 있습니다. 그런 시간의 필요성, 기도할 내용, 진행 방법 등을 잘 설명하고 있습니다.

날마다 하나님을 만나는 가정(메리 화이트)
가족 경건의 시간의 중요성과 그 방법을 보여 주며, 자녀들의 영적 성장을 돕기 위한 방법들도 소개하고 있습니다.

경건의 일기
하나님과 함께 꾸준히 시간을 보내는 습관을 기르는 데 도움이 되도록 만들어졌습니다. 1년 동안 날마다 경건의 시간에 배우고 적용한 것을 기록할 수 있는 노트와 더불어 매일의 경건의 시간에 사용할 수 있는 성경 구절이 제시되어 있습니다.

경건한 생활 관리
일상생활과 영적 생활의 두 부분을 효과적으로 관리하는 법, 우선순위에 따라 시간을 관리하는 몇 가지 원리 등을 익히게 됩니다.

본서는 미국 NavPress와의 계약에 의하여 번역 출간한 것이므로 본서의 전부 또는 일부의 무단 복제, 또는 원문에 대한 무단 번역을 금합니다.

Quiet Time으로의 초대

초판 1쇄 발행 : 2002년 10월 25일
초판 3쇄 발행 : 2007년 2월 10일

펴낸곳 : 네비게이토 출판사 ©
펴낸이 : 조 성 동
주소 : 120-600 서울 서대문 우체국 사서함 27호
120-836 서울시 서대문구 창천동 497
전화 : 334-3305(대표), 334-3037(주문), FAX : 334-3119
홈페이지 http://navpress.co.kr
출판등록 : 제10-111호(1973년 3월 12일)

ISBN 978-89-375-0258-3   03230